AF309353

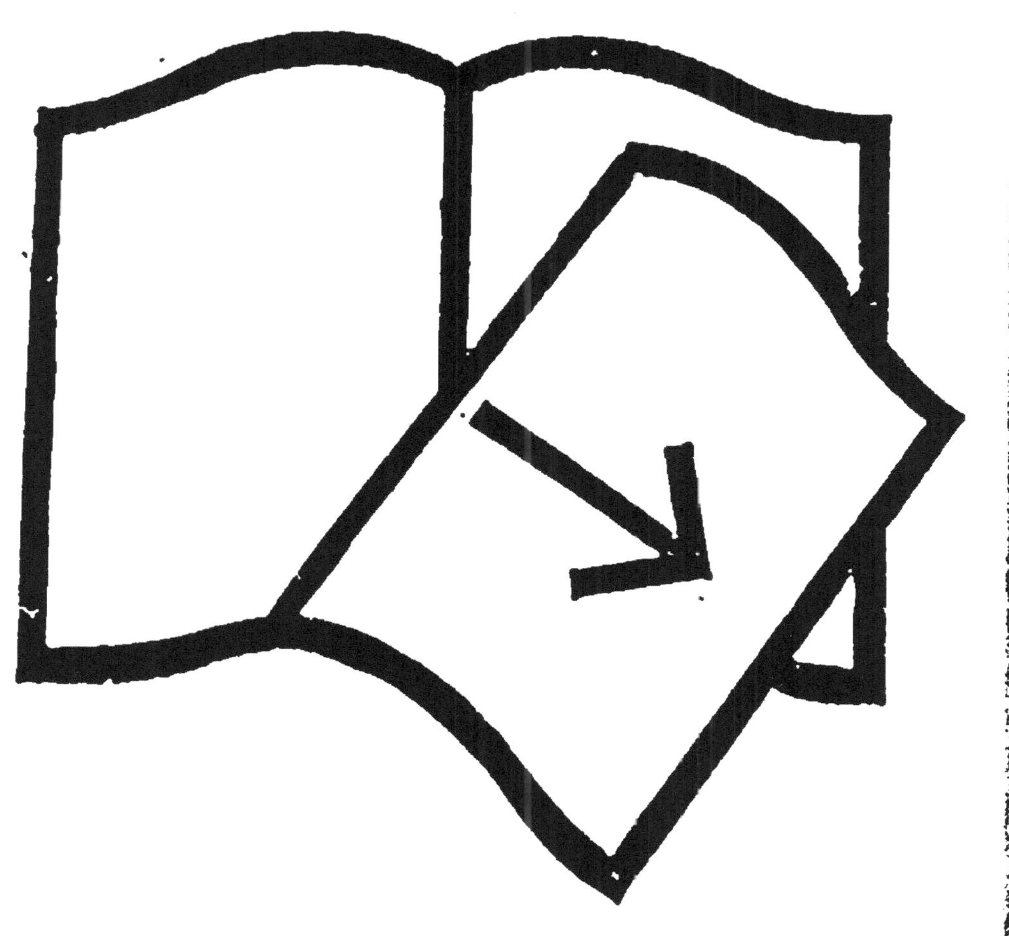

Documents manquants (pages, cahiers...)
NF Z 43-120-13

L'ASSURANCE

CONTRE

LE CHOMAGE INVOLONTAIRE

L'ASSURANCE

CONTRE LE

CHOMAGE INVOLONTAIRE

PAR

PAUL VIVIER

DOCTEUR EN DROIT
AVOCAT A LA COUR D'APPEL DE LYON

———✳———

PARIS
Arthur ROUSSEAU
ÉDITEUR
14, rue Soufflot, et rue Toullier, 13

LYON
Auguste COTE
ÉDITEUR
8, place Bellecour, 8

ERRATA

Page 15. ligne 4,   lire *du*,   au lieu de *de*.
— 55,   — 28,   — *appartiennent*, —   *apparitennent.*
— 117,   — 19,   — *manquer*,   —   *marquer.*
— 134,   — 17,   — *la*,   —   *le.*
— 176,   — 20,   — *la*,   —   *lé.*
— 195,   — 5,   — *Schärtlin*,   —   *Scährtlin.*
— 232,   — (note) — *1897*,   —   *1887.*
— 244,   — 21,   — *exercée*,   —   *as.urée.*

INTRODUCTION

PROCÉDÉS PROPOSÉS OU ESSAYÉS
POUR COMBATTRE
LE CHOMAGE INVOLONTAIRE

Parmi les risques qui menacent sans cesse l'existence du salarié, l'un des plus importants, et souvent le premier de tous est le chômage. Pour peu qu'il se prolonge, l'ouvrier, l'employé, qui n'ont pu, à l'époque du travail, réaliser sur leurs modiques revenus que de faibles réserves, sont mis dans l'impossibilité de subvenir à leur entretien et à celui de leur famille. Le chômage n'a pas seulement pour effet d'enlever le bien-être au travailleur, de faire pénétrer dans son foyer la gène, puis la misère ; il atteint, par contre-coup, même les industries qui restent en activité, et surtout le petit commerce dont il diminue le chiffre d'affaires et de profits ; enfin il constitue un danger sérieux pour la société tout entière, en entraînant une augmentation des budgets généraux et locaux de l'assistance publique, et en développant chez les malheureux privés de ressources des idées de haine et de révolte contre une organisation

2

sociale où ils ne trouvent pas les moyens de gagner honnêtement leur vie.

Telles sont les conséquences redoutables qu'entraîne le fléau : elles expliquent la lutte entreprise, par tous les pays, pour l'enrayer et l'atténuer, au moins lorsqu'il n'est pas provoqué par le salarié lui-même.

C'est qu'en effet le chômage, en tant qu'il frappe des personnes valides, que les maladies, les infirmités, la vieillesse n'ont pas rendues incapables de travailler, se présente sous deux aspects bien différents : tantôt il est volontaire, naît, par exemple, soit de la déchéance morale, des habitudes de paresse ou de débauche, soit d'un conflit individuel ou collectif avec le patron (grève) ; tantôt il résulte de causes nombreuses et complexes, mais indépendantes de la volonté de l'individu.

N'envisageons que le chômage involontaire, immérité ; comment l'a t-on combattu ? Quels remèdes a-t-on essayés ou proposés contre lui ?

Ils nous semblent former deux catégories distinctes que nous passerons successivement en revue.

§ I.

La première comprend les *moyens préventifs* qui attaquent le mal dans sa source et l'empêchent de se produire en supprimant ses causes ordinaires.

Au cours de l'enquête permanente reproduite, par l'Office du Travail, dans son bulletin mensuel, comme dans les enquêtes particulières qu'il a entreprises sur le placement et sur le chômage, une idée souvent émise par les ouvriers ou leurs représentants est que le chômage disparaîtrait en grande partie, si la durée de la journée de travail était moins longue : la production étant la même, il faudrait nécessairement plus de bras pour y suffire.

Ce raisonnement pèche par la base: la production ne dépend pas seulement de la durée du travail, mais encore de son intensité; or, celle-ci — de nombreuses expériences l'ont montré — augmente quand l'activité de l'ouvrier se déploie dans un temps plus court. L'accroissement de la force productive, par suite de la réduction de la journée de travail, dépend d'ailleurs de la mesure de la réduction. Si l'ouvrier peut souvent, en dix heures, produire autant qu'en douze, il est certain qu'il n'arrivera pas au même résultat en travaillant cinq ou six heures par jour. « Le problème de la journée de travail, dit M. Leroy-Beaulieu (1), correspondant d'une manière durable au plus fort rendement quotidien n'est pas susceptible d'une solution absolue ni générale. C'est affaire d'application particulière, non seulement dans chaque pays, mais dans chaque industrie, dans chaque usine et presque dans chaque équipe d'ouvriers ».

Admettons que la somme des produits ne soit pas modifiée par la réduction du temps employé à les faire : qu'arrivera-t-il ? Le prix de revient de la marchandise se trouvera sensiblement majoré, puisque le fabricant aura plus de charges, et par suite, le débouché qui lui était offert auparavant tendra à se fermer : d'où obligation pour le patron de restreindre son personnel.

Il n'en serait autrement que si les ouvriers consentaient à voir baisser le taux des salaires, mais, sur ce point, ils n'acceptent, bien entendu, aucun changement. Ils veulent à la fois qu'à la diminution des heures de

---

(1) V. *Traité d'Economie politique*, t. 4, page 307.

travail ne correspondent ni une augmentation de production, ni une diminution de salaires : or, pour être admissible, leur demande doit remplir l'une ou l'autre de ces conditions.

Comme le remarque M. Leroy-Beaulieu (1), le travail humain est une marchandise ; lorsqu'il y a encombrement d'une marchandise sur le marché, on cherche à la rendre plus attrayante en en baissant un peu le prix, en en faisant la qualité un peu meilleure ; au contraire, alors que le marché est encombré, les ouvriers, vendeurs de travail, proposent de le rendre moins productif, c'est-à-dire moins séduisant, moins utile à celui qui l'achètera. Il ne convient donc pas de compter sur la panacée que nous offrent les socialistes, d'autant plus qu'elle repose, en définitive, sur le principe du salaire minimum, principe généralement reconnu comme dépourvu de fondement juridique, de possibilité pratique, et d'ailleurs comme opposé à l'intérêt de la classe ouvrière prise dans son ensemble (2).

---

(1) *Economiste français* (7 et 14 avril 1894).

(2) V. Bender : *Le salaire effectif. — Sa protection par la loi.* Il ne s'agit ici que du minimum qui serait imposé par l'Etat dans tout contrat de travail. Il existe sous une autre forme : comme clause particulière des adjudications publiques, destinée à empêcher l'avilissement des salaires. Ce système a gagné des adhérents nombreux, en peu d'années, notamment en Angleterre, en Hollande, en Suisse, en Belgique, en France (Conseil supérieur du travail, session de décembre 1897). Comme le remarque M. Bender, « il n'est pas contradictoire d'accepter le minimum dans les cahiers d'adjudication des établissements publics et de le repousser dans les industries privées. Le mot est le même, appliqué à deux situations très différentes. Dans un cas, la liberté du commerce et de l'industrie est gravement atteinte ; dans l'autre, elle n'est pas intéressée par une simple condition d'un contrat déterminé, librement accepté en connaissance de cause. »

Dans le même ordre d'idées, on peut comprendre les critiques des socialistes contre le travail à la tâche. Ils condamnent le système parce qu'il compromet la santé et parfois la vie de l'ouvrier, en l'excitant à dépasser la limite de ses forces, mais aussi parce qu'il a pour résultat de faire produire par un seul ce qui aurait pu être produit par plusieurs, et d'augmenter ainsi le nombre de chômeurs.

Ce résultat, le travail à la tâche ne saurait l'entraîner qu'à une condition : c'est que la quantité de travail serait strictement limitée ; il n'en est rien. Au surplus, la suppression du procédé ne semble guère soutenable. Il serait vraiment tyrannique d'empêcher l'ouvrier laborieux de tirer de son activité un salaire rémunérateur, qui lui permettra souvent de sortir de sa condition précaire et d'arriver à son tour au patronat.

Ce n'est pas, toutefois, que l'on doive perdre tout espoir, non de supprimer complètement, mais de raréfier le chômage. Sans doute, certaines de ses causes (1) sont de nature à résister aux plus énergiques efforts : l'influence des saisons, les perturbations climatériques, les variations de la mode, le développement du machinisme, le perfectionnement des procédés industriels, les incendies et inondations, l'extension de la production à l'étranger, les déplacements d'industries, les travaux extraordinaires de réparations, la stagnation des affaires, échappent à la volonté de l'homme, et leurs conséquences, prévues ou imprévues, sont inévitables. Mais le chômage n'est pas dû à ces seules causes.

---

(1) V. une classification des causes du chômage dans les *Documents sur la question du chômage*, publication de l'Office du Travail.

Un phénomène souvent constaté est celui de l'émigration rurale. Les habitants des campagnes, attirés par la perspective d'un salaire assuré et régulièrement payé, et par bien d'autres motifs, affluent dans les villes et renoncent pour toujours aux travaux des champs ; cet envahissement augmente d'une façon considérable le nombre des ouvriers sans travail, et crée une concurrence inquiétante pour la population sédentaire. Il n'est pas impossible d'arrêter un mouvement aussi funeste ; on a signalé quelques mesures en ce sens : la décentralisation, la suppression des expositions, le changement des garnisons militaires, l'amélioration du sort de l'agriculteur.

On conçoit également qu'une législation économique bien ordonnée parvienne à élargir, avec les débouchés, la demande de travail ; que le développement de la grande industrie apporte plus de régularité dans l'emploi des ouvriers, et substitue à l'instabilité des rapports la permanence des engagements ; on conçoit que les occupations subsidiaires, ménagées comme appoint, permettent d'éviter les effets ordinaires des mortes-saisons ; que des mesures législatives réduisent l'immigration d'ouvriers étrangers et les abus de la spéculation et de la concurrence, notamment de celle qui se produit entre les travailleurs, et qu'on désigne sous le nom de « sweating-system ».

A supposer qu'elles soient prises, ces précautions ne constitueront encore qu'un obstacle insuffisant contre le chômage ; dès lors, en face de l'impuissance des moyens préventifs, une question se pose : existe-il des remèdes efficaces, capables de rendre moins sensibles les suites du fléau ?

§ II

Les socialistes ne sont pas embarrassés pour répondre.

Le remède consisterait, suivant eux, dans la reconnaissance et la mise en pratique du droit au travail, droit qu'ils formulent ainsi : l'Etat a le devoir de procurer à chacun des individus qui composent la nation le travail nécessaire pour assurer son existence.

On a fait bien souvent la réfutation de cette doctrine, qui conduirait au collectivisme pur, en obligeant l'Etat à s'emparer des moyens de production et à en faire la répartition entre les travailleurs.

M. Leroy-Beaulieu, notamment (1) montre, qu' « au point de vue naturel et social, ce qu'on appelle le droit au travail, c'est-à-dire la revendication par l'individu de l'obligation où serait l'Etat de l'employer quand il ne trouverait pas d'emploi, n'a aucune justification. »

On ne saurait même conseiller, à titre d'expédient, une organisation de ce genre, car elle constituerait une prime à la fainéantise, jetterait le trouble dans tout le régime du travail, et ralentirait le progrès général.

L'exemple des ateliers nationaux de 1848 suffit, d'ailleurs, à montrer que l'Etat, au cas où il voudrait organiser le travail, ne pourrait le faire sans danger. Le 25 février 1848, le gouvernement provisoire de la République s'engageait, dans une proclamation, à garantir du travail à tous les citoyens ; le 26, un décret ordonnait l'établissement immédiat d'ateliers nationaux et le 1er mars, les chantiers furent ouverts.

A la fin du mois, le nombre des ouvriers embrigadés

---

(1) *Economie politique,* t. IV, p. 497.

s'élevait à 40,000 ; à partir du 15 mai, grâce à l'arrivée des habitants des campagnes et des villes environnantes, l'effectif des inscrits dépassa 100,000.

Naturellement, on ne put fournir à tous des occupations régulières ; les quatre cinquièmes restèrent livrés à l'oisiveté. Ils recevaient cependant 1 franc par jour ; lorsqu'ils étaient employés, leur salaire était porté à 2 francs.

On s'aperçut un peu tard des dangers qu'une pareille situation faisait courir aux finances et à la sécurité publiques. Le 30 mai, l'Assemblée Nationale, par un décret, substituait le travail à la tâche au travail à la journée, ouvrait des crédits pour hâter la reprise des travaux départementaux, communaux ou d'industrie privée, et décidait que les ouvriers séjournant depuis moins de trois mois dans le département de la Seine et ne justifiant pas de leurs moyens d'existence, devraient partir avec leurs familles ; ils seraient pourvus d'une feuille de route et d'une indemnité de déplacement.

Le 21 juin paraissait un arrêté ministériel qui exigeait, sous peine de renvoi des ateliers, l'enrôlement des ouvriers célibataires, de 18 à 25 ans ; le même jour, un ordre du directeur prescrivait le départ d'équipes d'ouvriers pour aller faire des terrassements dans les départements. Ces mesures étaient trop précipitées : elles provoquèrent la terrible insurrection des 23, 24, 25 et 26 juin ; après la défaite de l'insurrection, les ateliers furent dissous.

L'expérience, certes, n'est pas encourageante, et les essais entrepris par le gouvernement genevois, à diverses reprises, de 1846 à 1877, ne sont pas faits pour donner un argument à ceux qui pourraient attribuer son insuccès uniquement à des causes spéciales,

— 13 —

notamment au système suivi pour l'admission des
chômeurs, au manque de travaux, et à la distribution
de secours en argent.

Nous ne pensons pas qu'une nation, après de tels
exemples, s'engage à nouveau dans cette voie ; le peuple
suisse a rejeté, comme il convenait, le 3 juin 1894, une
proposition émanant des socialistes et qui demandait
l'introduction dans la Constitution fédérale, de cet
article : le droit à un travail suffisamment rétribué
est reconnu à chaque citoyen (1).

Arrivons à des moyens plus pratiques :

Si l'on met à part l'assistance publique ou privée, qui
ne s'adresse pas spécialement aux chômeurs, mais à
tous les malheureux, quels qu'ils soient, les remèdes
contre le chômage peuvent se grouper sous cinq chefs :
le placement, les travaux de secours organisés par les
communes, l'assistance par le travail, les caisses de
réserve instituées dans les associations professionnelles
et les sociétés de secours mutuels, enfin l'assurance.
Avant d'étudier en détail ce dernier procédé, nous
devons fournir sur les autres quelques explications.

1º. LE PLACEMENT (2).

Le chômage ne résulte pas toujours du manque de
travail dans l'industrie, mais parfois simplement du fait
que l'employeur et l'employé s'ignorent, et que l'offre
et la demande n'arrivent pas à se rencontrer. Le placement, c'est-à-dire « la mise en contact de l'entreprise et de la main-d'œuvre », exerce donc une grande

----

(1) V. Ch. II., section I.
(2) V. notamment : Office du Travail : *Le Placement* — Pic : *Traité
de législation industrielle*, p. 317 et suiv. — Honnorat : *Le Placement
des travailleurs* (Thèse 1896).

influence sur la fréquence et la durée du chômage. Il se pratique suivant deux procédés principaux : ou bien l'ouvrier et le patron vont quérir eux-mêmes la main-d'œuvre ou le travail dont ils ont besoin, ou bien les offres et demandes sont remises à des intermédiaires qui se chargent de les adapter.

Le placement direct est le plus simple et paraît encore le plus usité, tout au moins en France (1) : réunion des ouvriers dans des lieux de stationnement, marchés publics, foires, grèves, où le patron vient les embaucher ; recherche du travail par l'ouvrier qui se rend d'usine en usine, de chantier en chantier ; embauchage par les tâcherons et marchandeurs (2) ; annonces dans les journaux et feuilles spéciales, telles sont ses diverses modalités.

Quant au placement par intermédiaires, il est accidentel lorsque l'intermédiaire, fournisseur, aubergiste, simple particulier cherche une place pour une personne isolée qu'il connait, ou il est l'œuvre d'institutions créées à cet effet, et qui sont, d'après leur importance décroissante, les bureaux de placement, les syndicats et bourses du travail, les sociétés philanthropiques, les bureaux municipaux gratuits, les sociétés de secours mutuels et de compagnons.

---

(1) « Un coup d'œil comparatif jeté sur l'état actuel de l'embauchage considéré dans son ensemble, révèle aussitôt l'énorme prédominance du placement personnel; toutes les institutions de placement réunies ne donnent que des résultats secondaires auprès de ce mode ; les bureaux de placement eux-mêmes ne peuvent rivaliser avec lui » (*Office du Travail : Le Placement*, p. 177).

(2) M. Honnorat (Thèse, p. 19) remarque que, bien qu'il semble y avoir ici un intermédiaire, le marchandeur, entre le patron et l'ouvrier, le placement n'en est pas moins direct, car le marchandeur prend en réalité la place du patron.

Cette organisation, avec ses modes si variés, semble offrir aux patrons et aux ouvriers toutes les facilités désirables pour entrer en relations, mais elle est loin de satisfaire la masse des intéressés : la question de placement est, au contraire, une des plus irritantes qui se soient posées devant l'opinion. Le parti socialiste, comprend parmi ses revendications la suppression radicale des bureaux payants ; des hommes politiques aux idées modérées l'ont suivi dans cette voie, et ainsi est né un mouvement puissant, qui s'est manifesté surtout au cours de ces dernières années.

Les attaques portent à la fois sur le fonctionnement du placement industriel et sur son pricipe : on reproche aux placeurs de commettre une foule d'abus, d'exploiter les personnes qui recourent à leurs offices; on leur reproche aussi de se faire payer les services qu'ils rendent. N'est-il pas injuste, en effet, de forcer l'ouvrier à abandonner une part de son gain, déjà à peine suffisant, pour acheter du travail ? Le placement ne doit-il pas toujours être gratuit et désintéressé ? Mais la cause dominante de la lutte est le désir d'accaparer le placement au profit exclusif des syndicats et des bureaux municipaux, de manière à faire passer les patrons par les conditions qu'il plaira aux ouvriers de leur imposer, et à augmenter la force des syndicats, en contraignant en quelque sorte à s'y affilier les ouvriers qui voudront trouver du travail.

La Chambre des Députés a été saisie, pendant l'avant-dernière législature, de plusieurs propositions inspirées par ces motifs ; les tentatives n'aboutirent pas (1).

---

(1) V. Pic : *Traité de législation industrielle,* pour les travaux de la Chambre de 1889 à 1893.

Dans la législature qui vient de se terminer, les adversaires du placement payant, M. Coutant, M. Mesureur, M. Georges Berry, trois représentants d'opinions différentes, déposèrent de nouvelles propositions. La discussion s'ouvrit, le 25 février 1897, sur un rapport de M. Berry qui indiquait comme base de la réforme la suppression de tous les bureaux de placement autorisés et sans indemnité, dans un délai de cinq ans. Le 16 mars, le Ministre de Commerce présenta, de son côté, un projet de loi et, le 9 avril, la Chambre adopta un système qui, tout en accordant des faveurs aux bureaux gratuits et en élevant leur nombre, conserve les bureaux payants et se borne à leur appliquer un régime susceptible de parer aux abus.

En voici les grandes lignes (1) : Les communes ayant plus de 30,000 habitants devront établir un bureau gratuit; les autres communes seront tenues d'ouvrir à la mairie un registre pour les offres et demandes de travail.

Les bureaux gratuits créés par les syndicats professionnels, les bourses du travail, les compagnonnages, les sociétés de secours mutuels, les associations charitables et les sociétés de bienfaisance ne seront astreints qu'à une simple déclaration à la mairie, et leurs affiches, manuscrites ou imprimées, seront exemptées du timbre. Aux autorités municipales est laissé le soin de délivrer les autorisations sans lesquelles les titulaires de bureaux payants ne pourront exercer leur industrie; la profession de placeur sera incompatible avec celles d'hôtelier, logeur, restaurateur, débitant de boissons et marchand de fonds de commerce. Les droits de pla-

___

(1) V. *Bulletin de l'Office du Travail*, n° mai 1897, p. 308.

cement seront acquittés moitié par le patron et moitié par la personne placée, mais ils ne seront dûs que lorsque l'emploi aura été occupé pendant un temps déterminé par l'autorité municipale, suivant la profession et l'usage de la localité.

Le projet vint en discussion au Sénat, le 27 janvier 1898 (1) ; dans une deuxième délibération (séances des 15, 17, 18 février) (2), il l'adopta sous réserve de modifications peu importantes ; il décida notamment qu'en cas de désaccord sur les tarifs et l'application de ces tarifs, la fixation appartiendra au préfet, qui statuera dans le délai d'un mois.

La Chambre s'est séparée sans avoir donné à la question une solution définitive. Il est permis de souhaiter que le Parlement conserve le système mixte tel que nous l'avons exposé. Nous pensons, comme le faisait remarquer M. Pic, après le rejet des propositions anciennes (3), que la concurrence ainsi établie produira les meilleurs résultats. Elle aura pour effet de réduire les exigences des bureaux payants, si souvent invoquées contre eux, et la stricte application des prescriptions de la loi empêchera le retour des abus de toute nature ; d'autre part, grâce à la concurrence, les syndicats n'exerceront pas soit sur les patrons, soit sur les ouvriers, la tyrannie que leur eût attribuée le monopole ; enfin, les municipalités devront s'occuper avec plus de diligence que par le passé, à créer des institutions de placement.

Il se peut que les bureaux de placement, si bien

---

(1) V. *Jour. Off.*, 28 janv. 1898.
(2) V. *Jour. Off.*, 16, 18, 19 février 1898.
(3) V. *Traité de Législation industrielle*, p. 322.

organisés qu'ils soient, ne réussissent pas, du moins
avant un certain laps de temps, à satisfaire à toutes les
demandes qui leur sont adressées. Aussi s'est-on préoccupé de procurer du travail aux chômeurs, pour les
mettre à même de traverser sans trop de souffrance
cette période d'attente parfois bien longue. Des admi-
nistrations communales et des sociétés privées ont
entrepris cette tâche ; quels moyens ont-elles employés
et quels résultats ont-elle obtenus ?

2º TRAVAUX COMMUNAUX DE SECOURS.

Dans tous les pays, de nombreuses communes ont
adopté le système des travaux de secours, et souvent à
l'instigation du gouvernement.

En Angleterre (1), la direction de l'Administration
locale adressait, le 14 novembre 1892, aux autorités
une circulaire en ce sens, et leur recommandait de se
mettre immédiatement à l'œuvre. Une enquête, faite le
27 mars de l'année suivante, révéla que quatre-vingt-
seize districts, paroisses ou unions de paroisses, avaient
ouvert des chantiers, où 26.770 ouvriers avaient trouvé
une occupation pendant une période variant de quelques jours à plusieurs mois. La Commission d'enquête
parlementaire sur le chômage, nommée le 15 février 1895, a même été saisie d'un projet de loi relatif
à l'organisation permanente des travaux de secours.
Chaque district possédant une population de 10.000 habitants aurait une caisse spéciale alimentée par des
souscriptions volontaires et par une subvention des
autorités locales et du parlement ; l'administration en

---

(1) V. *Documents sur la question du chômage,* p. 155 et s.

serait confiée à des commissions mixtes, placées sous le contrôle d'un comité central, dont chaque comté serait pourvu.

Aux Etats-Unis, dans le seul Etat de Massachussetts, trente-cinq villes ont, pendant l'hiver de 1893-1894, donné de l'extension aux travaux publics et organisé des chantiers de secours pour venir en aide aux chômeurs. Des mesures du même genre ont été prises dans les principales villes des autres Etats : Baltimore, Chicago, New-York, Philadelphie, Pittsburg, qui a employé journellement de 2.000 à 4.750 ouvriers, etc.

En Allemagne, pendant l'hiver de 1894, vingt-deux villes ont aussi créé des chantiers. En Suisse, d'après un rapport de M. Cürti « la question des travaux de nécessité fait des progrès constants, même dans les petites communes ». Berne, Saint-Gall, Chaux-de-Fonds l'ont déjà résolue ; le grand Conseil de Zürich a décidé de réserver des ouvrages aux chômeurs.

En France, l'Office du Travail a publié récemment (octobre 1895) un tableau des travaux de secours créés par les communes en cas de chômages collectifs (1). L'enquête a été limitée à une époque assez courte (5 ans, de 1890 à 1895) et aux communes pourvues d'un budget d'au moins 100,000 francs. Dans 22 départements il n'a pas été fait de travaux. Pour 114 villes, les dépenses se sont élevées au total de 4,903,600, soit un million environ par année. Bien que restreinte, l'enquête nous offre une série d'observations intéressantes, et la lecture attentive des documents rassemblés permet d'en dégager quelques principes.

Il est à remarquer d'abord que les travaux exécutés

---

(1) V. *Documents sur la question du chômage*, p. 77 et s.

sont toujours simples et faciles, et ne comportent pas un apprentissage spécial : il ne faut pas oublier, en effet, que les professions les plus diverses peuvent être représentées dans les chantiers. Exiger des aptitudes particulières, ce serait établir un régime de faveur pour telle ou telle catégorie, alors que toutes doivent être l'objet de la même sollicitude de la part de la commune. Aussi 41 villes se sont-elles borné à affecter des crédits pour l'enlèvement des neiges, glaces et boues. 114 villes ont confié aux chômeurs des travaux plus variés, mais rentrant, comme les précédents, dans la catégorie des travaux de voirie ; ils consistaient, par exemple, en nettoyage et balayage des rues, cassage de cailloux, terrassements et nivellements, démolitions, extraction de pierres, de graviers et de calcaire, entretien des rues et chemins ruraux, des édifices municipaux, aqueducs, fontaines, curage des ruisseaux et rivières, aménagement de rues nouvelles, plantations d'arbres, construction d'égouts, etc (2).

Sauf de rares exceptions, les chantiers ne sont pas ouverts à tous les ouvriers indistinctement ; on a pensé que les crédits, forcément limités, devaient profiter aux chômeurs les plus dignes d'intérêt. Quelques communes demandent pour toute garantie un certain temps de résidence, qui varie de trois mois à cinq ans ; d'autres, plus nombreuses, veulent en outre que le chômeur soit Français. Parfois, il est imposé des conditions sévères : c'est ainsi qu'à Rennes, ne participent aux travaux que les pères d'enfants en bas âge, et les soutiens d'orphelins ou de parents infirmes ; à Reims, les Français

---

(2) A Saint-Brieuc, on a l'habitude de réserver pour l'hiver les travaux neufs et d'entretien.

ayant des charges de famille exceptionnelles, âgés de moins de 60 ans et qui présentent un certificat consta·tant le renvoi du dernier atelier faute d'ouvrage, et un certificat du commissaire de police constatant la moralité et le manque de ressources ; à Laval, pour être admis, il faut prouver que le chômage est involontaire, et que l'on a été occupé pendant six mois au cours de l'année ; à Alger, l'embauchage a lieu dans l'ordre suivant : pères de famille, soutiens de famille, ouvriers mariés sans enfants, célibataires ; plusieurs villes accordent également la préférence aux individus qui ont une famille à entretenir.

En ce qui concerne les salaires, ils diffèrent naturellement beaucoup d'une localité à l'autre. Que le travail soit payé à la tâche ou à la journée, car les deux modes sont employés, le taux est le plus souvent inférieur au taux normal ; parfois aussi, on observe les usages de l'industrie privée. Même dans ce dernier cas, l'ouvrier ne trouve pas un complet équivalent de son revenu habituel : en effet, la règle générale est d'occuper les chômeurs à tour de rôle, et de les remplacer après une semaine ou une quinzaine ; de plus, la durée de la journée, qui sert de base au tarif, est réduite presque toujours à huit ou neuf heures, au lieu de dix ou onze. L'ouvrier est donc intéressé à chercher un emploi stable, et à ne pas abuser des secours qui lui sont fournis ; il sait, d'ailleurs, que ces travaux ne dureront pas continuellement.

Nous avons essayé de donner une idée des conditions dans lesquelles sont exécutés les travaux de secours ; il reste à examiner leurs résultats. A ce point de vue, les renseignements envoyés par les préfets et les maires paraissent, en définitive, très rassurants.

Sans doute, le coût des travaux dépasse sensiblement celui des entreprises ordinaires, malgré la modicité du salaire journalier (1). L'inhabileté des ouvriers embauchés, leur âge, leur état physique, la nécessité d'une surveillance rigoureuse, surtout quand le travail se fait à la journée, que les chômeurs sont nombreux et disséminés sur divers chantiers, expliquent l'augmentation des frais ; elle dépend aussi de ce fait que, dans le seul but de créer des occupations, on confie aux ouvriers des travaux que l'on pourrait effectuer avec des procédés moins dispendieux (2).

Peut-être encore ce mode d'assistance habitue-t-il les ouvriers à recourir trop facilement aux municipalités, et diminue-t-il leurs efforts dans la recherche du travail.

M. Mataja fait à ces travaux d'autres critiques (3). Les occupations dont on dispose d'ordinaire et qui ne nécessitent pas une longue préparation sont, en général, très mal appropriées à ceux qui ont appris un métier ou qui sont faibles et âgés, si même elles ne vont pas jusqu'à les priver de leur habileté manuelle ou à nuire à leur santé.

---

(1) A St-Etienne, dans les diverses circonstances où l'on a pu comparer le travail à l'entreprise avec le travail exécuté par les chômeurs, l'augmentation de la dépense a varié du double au triple, selon que l'on employait des ouvriers ordinaires ou seulement les plus vieux ouvriers. A Alger, on a constaté que les travaux reviennent à environ 16 % plus cher que ceux faits par les entreprises de la ville.

(2) A Soissons, par exemple, on chargeait les ouvriers de la traction des wagons, bien que le travail eût coûté moins cher si l'on s'était servi de chevaux.

(3) *Revue d'Economie politique*, décembre 1894. Le Socialisme municipal.

De plus, il est douteux que les travaux offrent un avantage réel aux classes laborieuses. « S'ils ne sont pas inutiles, ils se réduisent, après tout, à n'être que des occupations qui, pouvant être exécutées d'une manière plus convenable dans d'autres temps, se trouvent reportées à des époques moins favorables et, par là, l'occasion de travailler qui s'offre en un temps manquera à un autre ». Au lieu de réduire le chômage, on se borne donc à en effectuer le déplacement, à substituer au chômage général des chômages partiels.

Ces objections seraient fondées si les travaux étaient à la fois compliqués et urgents ; mais il est possible de trouver des occupations faciles auxquelles seront aptes tous les hommes valides et, d'autre part, de réserver aux chômeurs des travaux peu urgents, bien qu'utiles, de façon à ne pas reconstituer les ateliers nationaux, tels qu'ils ont fonctionné en 1848.

En tout cas, si le système présente des inconvénients, ils sont largement compensés par ses avantages incontestables.

Grâce à son application, les malheureux sont soustraits à l'action démoralisante de l'oisiveté ; la mendicité et le paupérisme local tendent à disparaître. Il est donc de beaucoup préférable aux distributions de secours en nature ou en argent, qui ont toujours quelque chose de blessant pour la dignité de l'ouvrier et qui, en le laissant inoccupé, l'incitent à faire des dettes et à fréquenter les cabarets. C'est un tort de croire que ces travaux exercent une influence déplorable sur les industries locales et avilissent les prix ; cette répercussion ne semble pas s'être produite.

Toutes ces raisons justifient la décision prise par le Conseil supérieur du Travail à la suite de l'enquête de

1895 (1). Dans sa sixième session (fin 1896) il adopta un vœu en faveur de l'extension des travaux de secours par les municipalités; il émit l'avis qu'une circulaire ministerielle portàt à la connaissance des préfets et des maires les résultats obtenus, et leur indiquàt en même temps les observations auxquelles avait donné lieu l'exécution des travaux.

Voici les principales règles signalées aux communes qui seraient disposées à tenter l'expérience : 1º les travaux entrepris doivent être d'utilité générale, mais non urgents, susceptibles d'être ajournés ou repris sans préjudice, tels que ceux que nous avons énumérés ; 2º il convient, pour éviter l'encombrement des chantiers par les habitants des localités voisines, d'exiger une durée déterminée de domicile dans la commune; 3º il faut donner, dans tous les cas où cela est possible, la préférence au travail à la tâche, qui demande moins de surveillance et rapporte plus que le travail à la journée; 4º les chantiers ne doivent être ouverts que six ou huit heures par jour, ou bien l'emploi des ouvriers doit subir des interruptions, de manière à leur permettre de chercher une occupation dans l'industrie privée.

Par conséquent, à en croire le Conseil supérieur, dont la compétence en pareille matière est indiscutable, les travaux de secours ne méritent pas les reproches souvent formulés contre eux et rendent, somme toute, de grands services, à condition de n'être pas faits au hasard et sans principes.

------

(1) *V. Bull. de l'Off. Trav.*, nº janvier 1897. Conformément à ce vœu, le Ministre de l'Intérieur envoya aux préfets, le 23 février 1897, une circulaire reproduisant les conclusions adoptées par le Conseil supérieur.

3º Assistance par le travail.

Les travaux de secours ne sont qu'une application de l'assistance par le travail, mais ce mot est pris ordinairement dans un sens plus étroit et sert à désigner l'œuvre des sociétés privées.

L'assistance par le travail a essentiellement pour but de substituer au secours en argent ou en nature gratuitement donné, l'offre d'un travail rémunéré, librement accepté et qui doit être convenablement exécuté. Empêcher les ouvriers momentanément sans emploi de perdre l'habitude de travailler, faire reprendre à tous ceux qui, pouvant physiquement travailler, ne le veulent pas et préfèrent vivre aux dépens de la charité, l'habitude qu'ils ont malheureusement perdue, telle est sa double mission.

Les sociétés d'assistance par le travail se sont rapidement développées en France. Elles étaient, en 1895 au nombre de 40, dont 22 à Paris et 18 dans les départements. Un comité central s'est fondé, à Paris, pour servir de lien aux œuvres existantes et faciliter les nouvelles créations du même genre. Parmi ces sociétés, il en est qui limitent leur action à certaines catégories d'individus : condamnés sortant de prison à l'expiration de leur peine, veuves ou filles d'anciens officiers et d'anciens fonctionnaires, aveugles, femmes enceintes ; la plupart secourent tous les indigents, soit de l'un, soit de l'autre sexe ; quelques-unes acceptent les hommes et les femmes.

Le système *d'admission* le plus répandu consiste dans la remise, aux personnes charitables, membres de la société ou indépendantes, de carnets de bons de travail qu'elles distribuent elles-mêmes aux indigents et dont elles payent le prix lorsqu'ils sont utilisés. Ce mode est parfois employé concurremment avec d'autres : recommandation d'un sociétaire, d'œuvres de bienfaisance, enquête faite par la société sur demande directe.

Le *travail* offert aux assistés relève d'un très petit nombre d'industries, en raison des conditions qu'il doit réunir. Il faut, en effet, qu'il soit facile, puisqu'on n'a pas le temps de faire un apprentissage, suffisamment rémunérateur pour représenter une portion notable du salaire et ne pas imposer de sacrifices trop lourds, et qu'il ne fasse pas une concurrence préjudiciable au travail libre : la confection de fagots d'allumage (margotins) par les hommes, et l'exécution de couture grossière par les femmes ont paru le mieux répondre à ces conditions ; pourtant, des travaux d'écritures, de cordonnerie, de lingerie fine, de brochage, de blanchissage, etc, sont aussi accomplis dans les ateliers de charité. Beaucoup de philanthropes accordent la préférence au travail agricole et voient, dans la fondation de jardins ouvriers, un moyen de reconstituer la famille : à Sedan, à Saint-Etienne, dans plusieurs villes du Nord, des sociétés concèdent à des familles un terrain et leur fournissent les semences et les engrais ; les assistés vendent à leur profit la récolte obtenue, ou consomment eux-mêmes les produits de leurs jardins.

Le payement des *salaires* est fait tantôt en argent, tantôt en nature ; le plus souvent les deux procédés sont réunis : ceux qui reçoivent de l'argent peuvent se procurer des bons de soupe, de fourneau ou de couchage ; ceux qui sont payés sous forme d'hospitalisation peuvent contribuer par un travail supplémentaire, à la formation d'un pécule, qu'ils touchent en sortant de l'établissement.

La *durée* du séjour est très variable ; les statuts ne fixent parfois aucun délai. Mais, en principe, l'assistance est temporaire, et n'est pas destinée à remplacer le travail normal.

Il est évident que ces sociétés exercent une heureuse influence. M. Berthélemy, examinant leur rôle social, constate qu'elles ont un triple et commun mérite: 1º elles font beaucoup de bien à très peu de frais ; 2º elles ne risquent pas d'être dupes ; 3º elles sont sûres de ne faire aucun mal. Par là elles possèdent une incontestable supériorité sur les œuvres charitables, qui accordent leurs bienfaits sans y mettre comme condition le travail obligatoire.

On objecte qu'elles font concurrence au travail libre. C'est d'abord un raisonnement inhumain, qui aboutirait à conseiller l'abandon des pauvres, des faibles, des malades, de façon à les empêcher de produire. Et puis, la concurrence n'est guère sérieuse; les travaux effectués dans les asiles sont précisément les mêmes que dans les prisons et les dépôts de mendicité. Enfin, on ne pourrait que se réjouir de voir absorber par les hospitalisés les industries qu'ils exploitent ; elles n'exigent aucun savoir, aucun effort d'esprit; il est bon que l'homme ne demande pas aux travaux tels que la confection de fagots d'allumage, sa subsistance habituelle ; il est bon qu'on écarte des mauvais métiers ceux qui sont capables de mieux faire (1).

---

(1) V. Berthélemy : *Le Rôle économique de l'Assistance par le travail.* Rapport présenté à la Société d'Economie politique de Lyon, le 22 janvier 1892.

Aussi, est-ce avec raison que le Ministre de l'Intérieur, dans ses circulaires du 8 novembre 1894 et du 19 avril 1895, a invité les Préfets à encourager les sociétés d'assistance par le travail, à faciliter leurs débuts et à développer leur action.

Toutefois, il faut bien reconnaître qu'elles jouent, dans la lutte contre le chômage, un rôle quelque peu modeste. Leur clientèle, en effet, ne comprend guère de véritables ouvriers atteints par un chômage accidentel; elle est formée en majeure partie de nécessiteux d'habitude, condamnés à la misère périodique par leur incapacité professionnelle, leur faiblesse physique, intellectuelle ou morale. De là vient que les efforts tentés par les sociétés pour placer leurs assistés sont assez rarement couronnés de succès.

4° CAISSES SYNDICALES DE SECOURS EN CAS DE CHÔMAGE

Un des principaux remèdes contre le chômage est employé par les ouvriers eux-mêmes : il consiste dans l'établissement de caisses de secours en cas de perte d'emploi. Dans tous les pays, les syndicats professionnels ont cherché, par ce moyen, à garantir leurs membres des conséquences désastreuses qu'entraîne le chômage, mais ils n'ont pas poursuivi cette entreprise avec une égale activité.

Angleterre (1). — A ce point de vue, l'Angleterre

---

(1). V. *Documents sur la Question du Chômage*, p. 45 et s. — Howell : *Le Passé et l'Avenir des Trade-Unions*, p. 114 et s. — De Rousiers : *Le Trade-Unionisme en Angleterre*. — Leroy-Beaulieu : *Traité d'Economie politique*, t. 3, p. 420. — Adler (art. des *Schweizerische Blätter*, 1894). — Schanz : *Zur Frage der Arbeitslosen — Versicherung*, p. 11 et s.

occupe le premier rang, comme on devait s'y attendre : c'est dans ce pays, en effet, que les unions ouvrières disposent des ressources les plus considérables, et possèdent l'organisation la plus solide et la plus sérieuse ; elles ont un esprit d'ordre et d'économie qui est souvent cité en exemple aux syndicats des autres nations, et qui s'est formé à la suite d'une expérience de 70 années.

L'importance du mouvement se manifeste si l'on examine soit le nombre des unions qui ont adopté le système, soit le total des sommes qu'elles ont dépensées pour le mettre en pratique.

L'honneur d'avoir inauguré l'institution revient à l'*Union des fondeurs en fer* (1832); la progression, lente jusqu'en 1875, s'accentua surtout à partir de 1890. En 1893, 687 sociétés firent parvenir à l'*Office du Travail* leur rapport annuel : 409, dont 69 sont des fédérations de syndicats comprenant 5,791 branches, avaient créé des secours de chômage, mais 31 n'avaient fait aucune dépense de ce genre au cours de l'année ; restaient donc 378 unions, avec un effectif de 827,840 membres. Déjà, d'après les résultats de 1892, M. Schanz calculait que 50 2 % des unions et 60 3 % des membres des unions participaient à ce mode de secours; la proportion a sensiblement augmenté, et l'on peut dire sans exagération qu'en Angleterre, la majorité des ouvriers organisés trouve dans les caisses syndicales une protection efficace contre le chômage.

Pourtant, il est toute une catégorie de sociétés qui semble vouloir rester en dehors du mouvement : ce sont les nouvelles Trade-Unions. Elles ont une tendance bien caractérisée à considérer l'association comme une machine de guerre, et se soucient fort peu des institutions de prévoyance et d'assistance ; elles ont, d'ailleurs, une autre raison pour ne pas s'y intéresser : les faibles cotisations qu'elles demandent à leurs membres ne leur permettraient pas de supporter les lourdes charges qui en résulteraient.

Il faut noter, de plus, que le succès n'a pas été général parmi les anciennes Trade-Unions : dans l'industrie des mines, le secours de chômage fait souvent défaut ; quelques districts, pourtant, l'accordent en cas de crises extraordinaires ; il en est de même pour l'industrie du vêtement et les industries textiles ; les unions du bâtiment, sauf de rares exceptions, se bornent à accorder des secours de route. C'est dans les Unions d'ouvriers appartenant à l'industrie des machines et chez les typographes que cette forme d'assistance est le plus développée.

Malgré ces restrictions, des sommes énormes sont absorbées chaque année par les secours de chômage. M. Georges Howell nous apprend que 14 sociétés, les plus puissantes, il est vrai, ont, depuis leur fondation (entre 20 et 50 ans) jusqu'en 1890, consacré à cet objet 90 millions « chiffre d'autant plus étonnant, ajoute-t-il, qu'il ne s'agit que de dépenses faites par une seule caisse, et que la plupart des sociétés que nous avons citées doivent subvenir à la charge de sept ou huit autres institutions d'assistance et de prévoyance. » La *Société fédérative des mécaniciens* (73.526 membres en 1893) a distribué ainsi près de 50 millions ; celle des chaudronniers et constructeurs de navires en fer, de 1867 à 1894, 11 millions. Dans les cent principales unions la dépense a dépassé 8 millions en 1892, 11 millions en 1893, 1894, 1895 ; elle est descendue à 7 millions en 1896 ; c'est le quart, parfois le tiers des charges totales ; les frais de grève, notamment, sont le plus souvent inférieurs (1). Pour donner une idée d'ensemble, nous nous contenterons de citer le chiffre obtenu, en 1893, par l'addition de tous les secours de chômage (involontaire) : 12,823,225 francs (2).

En ce qui concerne l'organisation des caisses, les règles varient suivant les Unions ; les modes, les conditions, la durée et le taux des secours ne sont pas uniformes ; sur tous ces points, pourtant, il existe des principes généralement admis.

C'est ainsi que, pour pouvoir prétendre au secours, il faut être affilié à la société depuis un temps assez long ; le plus souvent, au bout d'une année d'adhésion, le membre est en droit de toucher une indemnité, mais avec certaines restrictions qui disparaissent pour les anciens membres.

La période de secours est divisée en plusieurs parties, et le secours diminue à mesure que le chômage se prolonge ; l'Union des mécaniciens, par exemple, donne 12 fr. 50 par semaine pendant quatorze semaines, 8 fr. 75 pendant trente semaines et 7 fr. 50 pendant toute la durée du chômage, sauf pour les membres inscrits depuis moins de dix ans. Il est ordinairement établi un maximum de secours, et l'individu qui l'a reçu ne peut le demander de nouveau qu'après avoir effectué une période plus ou moins longue de travail.

A l'assistance à domicile se joignent, le plus souvent, des secours de route et de voyage. Un contrôle très

---

(1). V. *Bull. de l'Office du Travail*, n° février 1898.

(2). Naturellement de telles sommes n'ont pu être payées que grâce à des cotisations très élevées : le taux ordinaire est de 65 francs par an (1 sh par semaine) ; il est de 86 fr. chez les mécaniciens et de 135 fr. chez les fileurs de coton.

sévère met obstacle à la fraude, toujours à craindre en pareille circonstance, et les Unions s'occupent activement de placer leurs pensionnaires, qui ne peuvent refuser un emploi conforme à leurs capacités, sous peine de déchéance ; ils sont obligés de faire, de leur côté, tous leurs efforts pour obtenir du travail.

Voici en quels termes le rapport anglais officiel de 1893 appréciait l'organisation : « Une Union qui est indépendante, composée seulement de membres de la même profession, avec des branches dans les centres importants, possède des moyens tout particuliers de s'orienter sur les modifications du marché ; elle peut donc, mieux que toute autre, secourir ses membres en chômage. L'intérêt pécuniaire que produit chez les membres la nécessité de payer les cotisations, offre un double avantage : les ouvriers cherchent à trouver une place pour leurs camarades sans travail et, en outre, la Société n'est pas compromise par les fainéants et les paresseux ; la puissance d'un pareil mécanisme repose encore sur l'autorité que l'Union exerce sur chaque individu » (1).

Il serait évidemment très désirable que l'exemple de l'Angleterre fût imité. M. Georges Howell, dont la compétence en la matière est reconnue, soutient, en effet, que les caisses de chômage produisent les plus heureuses conséquences : elles protègent l'ouvrier de la misère, et sauvegardent sa dignité ; de plus elles fortifient sa situation économique en le mettant en mesure de refuser du travail au-dessous des tarifs établis ; elles donnent plus d'élasticité au marché de la main-d'œuvre, maintiennent le taux des salaires, diminuent la concur-

---

(1) Cité par Schindler-Huber dans son rapport sur la question de l'Assurance.

rence ; l'Etat lui-même retire un avantage de ces institutions, puisqu'elles entraînent forcément une réduction dans la taxe des pauvres. Il faut reconnaître, toutefois, que le système ne s'applique qu'à l'élite des travailleurs, et que les ouvriers de certaines professions et les auxiliaires et les manœuvres de toutes, en sont exclus.

France. — « Il est à remarquer et à regretter qu'en France les syndicats professionnels, quoique la loi de 1884 leur ait conféré des droits dont ne jouissent pas les associations allemandes, n'ont à peu près rien fait pour la défense contre le chômage involontaire. Cela tient, d'une part, à ce qu'ils n'ont pas su jusqu'ici grouper des ressources sérieuses, d'autre part à ce que leur activité, au lieu d'être concentrée dans les intérêts d'une seule profession, se disperse en préoccupations d'intérêts ouvriers généraux et se détourne souvent sur des objets politiques ».

Au moment où il écrivait ces lignes (1) M. Rostand ne pouvait connaître exactement le nombre et l'importance des institutions établies par les syndicats en vue de remédier au chômage. La statistique entreprise, en octobre 1895, par l'Office du Travail, sur la demande du Conseil supérieur, a montré que ses observations ne provenaient pas d'un pessimisme exagéré (2). Cette statistique nous permet d'apprécier d'une façon précise l'étendue du mouvement syndical en faveur des caisses de chômage et d'indiquer, en même temps, les règles principales qui déterminent l'organisation de ces caisses.

---

(1) *Réforme sociale*, 16 novembre 1894.
(2) *Documents sur la Question du Chômage*, p. 55 et suiv.

1. — Sur les 2,178 syndicats ouvriers existant au 1er juillet 1894, 487 seulement s'étaient proposé, dans leurs statuts, de venir en aide à leurs membres en cas de chômage. Ce chiffre, déjà bien modeste, si on le compare à celui que nous présente l'Angleterre, est en réalité beaucoup plus faible. En effet, 241 syndicats ne firent aucune réponse au questionnaire que leur avait adressé l'Office du Travail, et qui portait soit sur le rôle joué par les caisses pendant l'année 1894, soit sur le règlement relatif au taux et à la durée des indemnités. Il est probable qu'ils gardèrent le silence parce que leurs statuts étaient restés lettre morte, ou bien parce qu'ils avaient pour but de garantir uniquement du chômage causé par la maladie, les accidents, les contestations avec les patrons. De plus, 159 syndicats répondirent qu'ils avaient renoncé à leur projet, ou l'avaient abandonné après coup, en raison de l'épuisement rapide de la caisse résultant du grand nombre de demandes, qu'avaient entraînées la transformation de l'industrie et l'introduction des machines, ou à la suite des abus créés, dans l'administration des secours, par les difficultés du contrôle. Des secours réguliers n'étaient donc accordés que par 87 syndicats, comptant 16,250 membres. Encore convient-il d'ajouter qu'en 1894, 21 n'ont pas distribué d'indemnités. En résumé, 66 syndicats groupant un effectif de 14,601 individus, ont dépensé, au cours de l'année 1894, en secours de chômage, 75,440 fr. 65. Nous sommes loin des millions que consacrent à cet objet les Trade-Unions anglaises (1).

---

(1) Les syndicats qui ont fait la dépense la plus importante sont : 1o le syndicat des chapeliers fouleurs de Paris (26.319 fr.) ; 2o le syndicat des chapeliers (soie) de Paris (16.710 fr.); 3o le syndicat des

A quelles professions se rattachent les rares syndicats, qui aient montré quelque sollicitude pour les
ouvriers sans travail? La plupart font partie du groupe
des industries du papier (cartonniers, imprimeurs,
lithographes et surtout typographes); le reste se répartit sur les industries les plus diverses : boulangers,
ouvriers en chaussures, tisserands et tisseurs, chapeliers, etc. Chose curieuse, les professions les plus
menacées par le chômage ne figurent guère sur la
liste; elle ne comprend, par exemple, que six syndicats
d'ouvriers en bâtiment; un seul d'entre eux a distribué
des secours en 1894. Il semble donc que l'on ne doit
pas trop compter sur les caisses syndicales pour obtenir la solution du problème.

II. — Les caisses de chômage ont chacune une organisation particulière; elles appliquent toutefois les
mêmes principes. En ce qui concerne les *conditions* du
droit à l'indemnité, on exige toujours que le chômeur
soit affilié au syndicat depuis un certain temps.

Ce n'est qu'après une présence de trois, six mois, un
an ou deux ans, suivant les sociétés, que l'ouvrier peut
prétendre au secours. Parfois, il est établi une différence de traitement entre les nouveaux membres et les
anciens : ainsi, chez les typographes de Lyon, la durée
du secours est diminuée pour ceux qui appartiennent
au syndicat depuis moins de trois ans. On veut aussi
que le chômeur ait accompli ses obligations; enfin les

---

employés de commerce de Paris (ce syndicat, qui compte 6,220 membres a distribué depuis la fondation de la caisse, en 1887, 20,128 fr.;
la dépense s'est élevée, en 1894, à 4,366 fr.); 4° le syndicat des
chapeliers (approprieurs) de Bordeaux (3,295 fr.).

premiers jours de chômage sont généralement laissés à sa charge (2 à 15 jours).

Il est également admis que l'*indemnité* doit rester inférieure au montant du salaire habituel : dans deux caisses seulement, elle est de trois francs ; le chiffre le plus répandu est celui de deux francs, mais plusieurs syndicats ne donnent que o fr. 5o par jour. Grâce à cette limitation, est évité le double inconvénient d'épuiser promptement la caisse et de favoriser la paresse et la négligence. Dans le même ordre d'idées, on a restreint la période de secours : elle varie de trois jours à quinze semaines et elle est ordinairement d'un mois. Beaucoup de syndicats n'ont, d'ailleurs, fixé ni la durée ni le taux de l'indemnité ; le conseil d'administration les détermine d'après l'état de la caisse.

Les fonds nécessaires au fonctionnement sont obtenus tantôt par des contributions spéciales, hebdomadaires ou mensuelles, tantôt par un prélèvement sur les cotisations, tantôt par le produit des fêtes, des amendes, des dons, des collectes.

Notons encore que la caisse se confond le plus souvent avec la caisse générale du syndicat ; dans 21 sociétés, le service est assuré par des caisses distinctes, ayant leurs ressources propres.

III. — Tels sont les résultats de l'enquête de 1895. Comme on peut en juger, les syndicats ont joué un rôle bien effacé dans la lutte contre le chômage. Ont-ils, depuis 1895, fait des progrès sensibles dans cette voie ? Ont-ils cherché à suivre avec un peu plus d'empressement l'exemple que leur donne l'Angleterre ? A en croire l'*Annuaire des Syndicats*, l'amélioration aurait été presque insignifiante. Il y avait, au 1er juillet 1894,

70 caisses de chômage ; ce chiffre s'est élevé à 105 au
1ᵉʳ juillet 1895, et 108 au 1ᵉʳ juillet 1896 ; pourtant il y
eut, l'année suivante, un accroissement assez important : le nombre des caisses a passé de 108 à 133, au
1ᵉʳ juillet 1897 (1). L'augmentation qui est constatée
en 1895 n'est qu'apparente : elle est due à la réunion
sous la même rubrique des caisses de chômage et des
caisses dites de résistance ou de grèves, réunion qu'avait
omise l'annuaire de l'année précédente. On a pu croire
un moment que le nombre des caisses allait être dou-
blé. La Fédération des travailleurs du livre, qui groupe
actuellement 7,002 membres, répartis en 147 sections
ou syndicats locaux, avait adopté, dans son Congrès
corporatif de septembre 1895, un projet d'une caisse
fédérative de chômage qui devait, moyennant une
cotisation hebdomadaire de o fr. 25, distribuer des
secours de neuf francs par semaine, pendant cinq semaines, dans le cours d'une année. Mais ce projet n'a pas
été ratifié par les sections auxquelles il avait été soumis
et n'a pas réuni la majorité nécessaire (deux tiers des
adhérents) (2). On se propose, paraît-il, de le reprendre (3).

---

(1) Voir l'*Annuaire des Syndicats professionnels* (1895, 1896, 1897).
(2) V. *Bull. de l'Office du Travail*, nᵒ de décembre 1895, p. 712.
(3) On trouvera une intéressante étude sur les caisses de chômage
créées par les syndicats lyonnais dans un rapport de M. Pelosse à la
Société d'Economie politique de Lyon (*Bulletin* de 1897, p. 107).
L'auteur cite, comme ayant organisé des secours, un nombre d'associations bien plus élevé que celui indiqué par l'Office du Travail :
7 associations se rapportant à l'industrie du papier, la Chambre syndicale des ouvriers en chaussures, le syndicat des robinetiers en
cuivre, des chauffeurs mécaniciens, des balanciers, des ferblantiers
(l'enquête ne donnait que 8 syndicats), et il conclut ainsi : « Il apparaît que ces caisses donnent des résultats assez satisfaisants dans

Les syndicats ont d'autres moyens de protéger leurs membres inoccupés : aux caisses de chômage et aux bureaux de placement peuvent se joindre les secours de route qui permettent aux ouvriers de trouver plus facilement du travail. Sur ce point encore, la France est loin d'occuper le premier rang. La seule organisation vraiment sérieuse qu'ait révélée l'enquête de 1895, est celle de la Fédération des travailleurs du livre, dont nous avons déjà indiqué l'importance. Elle donne 1 fr. 50 pour les 40 premiers kilomètres et 50 centimes par 20 kilomètres en plus jusqu'à 200 kilomètres ; le maximum pour chaque distance parcourue d'une section à l'autre est de 5 fr. 50. Il a été distribué, de ce chef, en 1894, 8,142 fr. 35 à 379 voyageurs. En dehors de cette puissante fédération, six syndicats seulement avaient créé des institutions analogues. Si nous prenons les chiffres des annuaires, nous constatons, non une augmentation, mais une légère diminution dans le nombre de ces créations : il a passé de 111 en 1893, à 108 en 1894, et à 102 en 1895, pour revenir à 103 l'année suivante, et 101 en 1897, alors que toutes les catégories importantes d'institutions se développaient constamment.

Allemagne. — L'infériorité des syndicats français n'existe pas seulement à l'égard des Trade-Unions anglaises ; en Allemagne, des associations profession-

---

leur petite sphère d'action ; nous disons : petite sphère ; chacune ne groupe qu'un faible nombre d'adhérents qui, tous, sont liés par le même intérêt professionnel. C'est, d'ailleurs, la remarque qu'il convient de faire en ce qui concerne les autres caisses de chômage ; elles ne renferment qu'un petit nombre d'adhérents, et elles ne sont que des annexes des syndicats professionnels ».

nelles de divers types (1) ont organisé contre le chômage une lutte énergique et efficace. L'Office du Travail s'est contenté de signaler la Fédération des typographes (2), mais le mouvement est, en réalité, beaucoup plus étendu. Nous croyons utile d'en donner un tableau d'ensemble, d'après les remarquables ouvrages de M. Schanz (3).

L'éminent professeur parle d'abord des associations professionnelles proprement dites, créées par Max Hirsch et Franz Duncker sur le modèle des Trade-Unions. Déjà, à l'Assemblée générale de 1879, était présenté le plan d'une caisse centrale de secours de voyage et de secours à domicile, où les risques seraient égalisés par l'adhésion d'un plus grand nombre de membres et de professions. Le projet échoua, mais l'idée ne fut pas perdue ; peu de temps après, des unions particulières la reprenaient pour leur compte (ouvriers en métaux, menuisiers, etc.). Aujourd'hui la majorité des associations ont établi des secours de chômage, soit en assistant leurs membres sur place, soit en leur procurant les moyens d'aller chercher du travail ailleurs. Entre toutes elles dépensaient (frais de voyage non compris), en 1893, 31,000 marks, en 1894, 38,000, en 1895,

---

(1) « Les associations ouvrières, dit M. Pic (*Traité de Législation industrielle*, p. 197) très répandues aujourd'hui dans l'Empire d'Allemagne, peuvent se diviser, d'après leurs tendances générales, en trois catégories : 1º Les associations ouvrières socialistes ; 2º les associations ouvrières catholiques ; 3º les associations professionnelles proprement dites (Gewerkvereine) ».

(2) V. *Documents sur la question du chômage*, p. 54 : l'Office du Travail n'avait, paraît-il, reçu que des renseignements insuffisants.

(3) V. Schanz. — Deux ouvrages cités ; ils abondent en documents statistiques puisés soit dans les publications officielles, soit dans les publications des associations.

47,000. La somme n'est pas très élevée, mais il faut noter que ces unions ont un effectif assez restreint : il s'élevait à 67,226 membres en 1895 (1) ; de plus, en raison de la faiblesse des cotisations, le secours est limité; le cas de chômage périodique est le plus souvent exclu ou, tout au moins, ne donne droit qu'à une indemnité minime.

La catégorie des associations à tendances socialistes (Gewerkschaften) est beaucoup plus importante. En 1893, il y avait 51 organisations centrales groupant plus de 220,000 membres (en 1895 : 270,000). La plupart d'entre elles distribuaient des secours de route (33 consacraient à cet effet, en 1893, 328,000). Quant aux secours sur place, ils étaient, et ils sont encore moins répandus. En 1895, parmi les 44 organisations qui donnèrent des renseignements complets sur leurs opérations, 15 les avaient introduits; ce service constituait à peu près le quart des dépenses totales, soit 196.912 m. (au lieu de 239,750 en 1894). Les professions représentées sont : les sculpteurs, les brasseurs, les relieurs, les mouleurs, les gantiers, les verriers, les chapeliers, les chaudronniers, les potiers, les ouvriers en porcelaine, etc. En première ligne, vient la Fédération des typographes ; sa caisse de chômage fonctionne depuis 1880, et s'est réunie à la caisse des secours de route fondée cinq ans auparavant; chacune, d'ailleurs, a un règlement spécial. De leur côté, les patrons ont créé une caisse de secours en 1894 ; ils y versent 10 pfennigs par semaine et par

---

(1) La Fédération la plus puissante est celle des constructeurs de machines ; elle comprenait, en 1895, 26,871 membres et distribuait cette même année 21,688 m. en secours de chômage.

ouvrier, affilié ou non; les ouvriers qui désirent en faire partie ont à payer une cotisation hebdomadaire de 3o pfennigs. Une somme de 97,102 marks a été distribuée, en 1895, aux chômeurs par la caisse ouvrière seule ; il est vrai que les 774 sociétés qui forment la fédération possédaient un nombre considérable d'adhérents : vingt mille environ.

Il est probable que d'autres unions viendront, d'ici peu, grossir la liste; cette présomption trouve un sérieux fondement dans la résolution votée, à une grande majorité, lors du dernier Congrès des Associations (du 4 au 8 mai 1896) et qui était ainsi conçue : « Considérant que les secours de chômage, sans parler de leur caractère humanitaire, garantissent la stabilité des membres ; qu'ils permettent d'opérer une amélioration dans les conditions du salaire et du travail, en ce sens que l'offre, par le chômeur, d'un travail inférieur aux conditions normales est, sinon écartée complètement, en tout cas bien diminuée. le deuxième Congrès voit dans ce mode de secours un auxiliaire important, et même indispensable, des organisations ouvrières; le Congrès recommande donc aux associations allemandes de l'établir partout où son introduction ne présentera pas de difficultés. » A la suite de cette décision, la Fédération des graveurs et ciseleurs, à peine créée, entra dans la voie qui lui était indiquée ; celle des ouvriers en métaux se livra à une enquête préparatoire, et l'exemple sera sans doute suivi.

Dans les associations ouvrières évangéliques, la question n'est pas aussi avancée ; elle est pourtant à l'ordre du jour depuis plusieurs années. C'est ainsi qu'à l'assemblée des délégués, tenue à Francfort en 1894, après un rapport contenant un projet de statuts pour une caisse d'assurance contre le chômage immérité, on décida d'entreprendre la statistique du chômage chez les professions comprises dans les unions. L'année suivante, à Stuttgart, l'assemblée se prononça pour l'établissement des secours de route ; le premier pas est fait et l'on peut prédire que le système ne tardera guère à se compléter.

Le mouvement en faveur des caisses de chômage n'est pas limité aux professions industrielles ; de nombreuses unions d'employés de commerce ont organisé des secours, qui tiennent de l'aumône et du prêt, notamment l'Union des Employés de Leipzig, qui comptait, au 31 décembre 1896, 45.000 membres. Il en en est même qui ont fondé une véritable assurance mutuelle, facultative ou obligatoire (1).

Enfin, on constate un effort analogue dans les unions agricoles. En 1853, l'Union de bienfaisance des cultivateurs de là province de Brandebourg se proposait de protéger ses membres pendant le manque d'emploi ; en 1865, elle fusionna avec une union récemment crée à Berlin ; de la naquit « l'Union berlinoise des Agriculteurs allemands ». D'après les statuts de 1885, les membres versent 5 marks comme droit d'entrée, et une cotisation annuelle variant entre 18 et 20 marks ; « L'Union silésienne » poursuit le même but.

Il convient de mentionner, à côté des associations professionelles, les institutions spéciales dont l'Allemagne s'est couverte depuis quelques années Il existe trois espèces d'établissements: l'auberge hospitalière, où l'ouvrier de passage est hébergé à très bas prix; la

---

(1) V. plus loin des détails sur L'Union des marchands de Berlin.

station de secours, qui le recueille moyennant travail,. quand il est complètement dénué de ressources ; enfin la colonie d'ouvriers, refuge de rééducation professionnelle pour les indigents devenus incapables de gagnerleur vie. Les colonies sont encore peu répandues (24), mais presque toutes les villes possèdent une auberge hospitalière, et les stations fondées soit par les communes, soit par les sociétés privées, sont au nombre de plus de 1000. « Cet ensemble de créations philanthropiques, dit M. Georges Berry(1), administrées économiquement et pratiquement, a porté ses fruits, et dans un pays qui, il y a vingt ans, passait pour un des plus pauvres de l'Europe, on compte aujourd'hui beaucoup moins de mendiants que chez nous, et ceux qui veulent travailler ont toutes les facilités pour trouver et attendre le travail sans avoir à redouter, pendant la période des recherches, le chômage et la dépense. Ceux mêmes qui ont perdu l'habitude de s'occuper ont toutes facilités pour se relever et reprendre leur place dans la société ».

Autriche. — L'Autriche n'est pas pourvue d'une organisation aussi sérieuse ; les ouvriers sont, d'ailleurs, pour la plupart, en dehors de toute association ; 132000 seulement appartiennent à l'un ou l'autre des deux groupes existants : les unions, dites d'éducation ouvrière, et les associations (gewerkschaften). Dans la première catégorie 75 unions (6.985 membres) sur 519 pratiquent les secours de chômage ; elles n'ont dépensé, dans le premier semestre de 1896. que 1.007

---

(1) *L'Assistance par le travail en Allemagne.*

florins. « On voit, dit M. Schanz, que l'assistance pour
le cas de chômage est médiocrement répandue dans ces
unions et y forme une somme insignifiante ». Il n'en est
pas de même de la deuxième catégorie d'associations;
la moitié d'entr'elles (soit 145) comprenant les trois
quarts de l'effectif total (76,211 membres), par
conséquent les plus importantes, consacraient, du 1er
janvier au 30 juin 1896, plus de 50,000 florins aux secours
de chômage (non compris les indemnités de grève).
Comme toujours, les typographes étaient à la tête du
mouvement (1).

Suisse (2). — Cette constatation s'applique également à la Suisse; la Fédération des typographes y a
fondé en 1879 une « caisse de sans travail ». Moyennant
une cotisation hebdomadaire de 0.15, le membre qui
appartient depuis un an à la société et dont le chômage
dure plus d'une semaine obtient, pendant six semaines
au maximum, un secours journalier de 2 francs; l'indemnité peut être remplacée par un secours de route.
Comme cette caisse était réservée exclusivement aux
membres de la « Typographia » les patrons créèrent,
en 1891, une caisse en faveur des ouvriers indépendants.
Les affiliés ont à payer une cotisation hebdomadaire
de 0.10 et, pour chaque membre, la caisse de l'Union
suisse des Maîtres imprimeurs verse 0.05. Le règlement
est analogue à celui de la Fédération. Dans les autres
professions, il n'existe pas d'organisation de ce genre.
Pourtant, en 1894, un comité, à la tête duquel se trou-

---

(1) V. pour les détails les ouvrages de Schanz.
(2) V. Schanz : *Zur Frage*, etc., p. 54 et suiv.— Schindler-Huber :
ouvr. cité p. 12 et Curti, ouvr. cité. p. 60.

vait Richard Lenz, conçut le projet d'une union de secours pour les travailleurs de la broderie, une des principales industries de la Suisse (25 à 30,000 ouvriers). Les statuts furent acceptés à l'unanimité par une assemblée de brodeurs ; ils établissaient un secours de chômage pendant l'hiver et pour quatre semaines, au taux de 1 et de 2 francs suivant le sexe ; les hommes, en effet, devaient payer 0.20 et les femmes 0.10 seulement. Malgré la décision prise par la Fédération des brodeurs d'accorder à l'œuvre une subvention de 5,000 francs, et les promesses faites par plusieurs cantons de concourir au fonctionnement de la caisse, on ne put réunir un nombre de membres assez considérable. Les causes de cet échec furent, paraît-il, la nouveauté de l'assurance, la méfiance des ouvriers et la crise de l'année précédente, qui rendait difficile le moindre sacrifice.

Belgique (1). — C'est dans la ville de Gand que le système a trouvé jusqu'à présent le plus d'adhésions. M. Varlez a calculé que vingt-deux syndicats avaient établi une organisation plus ou moins complète de secours sur place. Les trois syndicats socialistes de l'industrie textile ont, notamment, introduit en 1896 une sorte d'assurance contre le chômage résultant de la fermeture des fabriques par suite de rupture de machines, de manque d'eau, d'incendie ou de toute autre cause accidentelle ; la cotisation n'est que de 0.10 par mois. De son côté, le comité central des syndicats anti-socialistes avait fondé à la fois une caisse

---

(1) Schanz : *Neue Beiträge*, etc., p. 138. L'auteur cite l'enquête de M. Varlez, et plusieurs numéros de la *Revue du Travail*.

de grève et de chômage involontaire ; mais on ne se mit pas d'accord sur la question du règlement, et il fallut partager les fonds entre les différents syndicats.

En dehors de la ville de Gand, les sculpteurs et les menuisiers de Malines, les gantiers de Mons, les ouvriers en diamants d'Antwerpen ont annoncé leur intention d'introduire l'assistance en cas de chômage. Elle existe, depuis longtemps, dans l'Association typographique de Bruxelles, qui comptait 1,007 membres en 1894 et distribuait, cette même année, 13,381 fr. d'indemnités.

Etats-Unis (1). — Aux Etats-Unis, les secours de route sont très répandus ; au contraire quelques syndicats seulement se sont préoccupé d'assister les ouvriers sédentaires. Dans le nombre, il est vrai, sont comprises deux fédérations corporatives extrèmement puissantes. La première est l'Union internationale des cigariers ; elle possédait, au 1er janvier 1895, un effectif de 27,828 membres répartis entre 347 branches locales ; l'introduction des secours de chômage date de 1890 : les dépenses causées par ce nouveau service ont chaque année dépassé 100,000 francs, sauf en 1892 (87,000) ; elles se sont élevées, en 1893, à 447,000 francs et en 1894, à 827,000 francs, en raison de la crise industrielle. Cette société peut donc, à bon droit, être comparée aux grandes Trade-Unions anglaises (2). Moins nombreuse, l'Union des Typographes de langue allemande (German-American

______

(1) V. *Documents sur la question du chômage*, p. 53.

(2) Aux secours du chômage, s'ajoutaient les secours de route (2 millions 700,000 francs de 1880 à 1894), les secours aux malades (533,000 francs en 1895, les indemnités en cas de décès (310,000), et les indemnités aux grévistes (224,000).

Typographia), qui groupait, en 1894, 1,273 membres, mérite pourtant d'être signalée : elle a distribué, de 1884 à 1894 près de 300,000 francs ; l'année 1894 seule a coûté 86,312 francs. Les règlements de ces deux unions n'offrent rien de particulier, sauf une disposition suivant laquelle le secours est suspendu au bout de cinq ou six semaines, et n'est repris qu'après une période de même durée.

Les syndicats professionnels ne sont pas les seules associations qui se soient préoccupé d'atténuer les effets du chômage ; les sociétés de secours mutuels sont, elles aussi, intervenues dans ce sens. Le fait s'est produit notamment en Angleterre et en Allemagne. En France, sous l'empire de la loi du 15 juillet 1850, il était interdit aux sociétés d'accorder à leurs membres des indemnités de chômage. Un amendement de M. Dabeaux, qui leur conférait ce droit, fut repoussé parce que, paraît-il, de nombreuses sociétés s'étaient ruinées dans une telle entreprise. Aussi les rapports publiés sur les opérations des sociétés reconnues, approuvées ou autorisées ne portent-ils aucune trace de ce genre de secours : les dépenses indiquées consistent en secours pécuniaires aux malades, honoraires des médecins, frais pharmaceutiques, secours aux vieillards, aux infirmes et incurables, aux veuves et orphelins, en versements aux fonds de retraites, frais funéraires et de gestion.

Pourtant, M. Fontaine constatait, au nom de l'Office du Travail (1) que quelques sociétés étendent leur activité au cas de chômage. D'ailleurs, quelques exceptions avaient été faites, au début, en faveur de la société des chapeliers ; puis, en 1866, en faveur d'un

---

(1) V. *Documments sur la Question du Chômage*, p. 28.

certain nombre de sociétés (1). La loi du 4 avril 1898 a changé l'exception en principe. L'article 1er dont les dispositions sont communes à toutes les sociétés, décide, dans son paragraphe 2, qu' « elles peuvent accessoirement créer au profit de leurs membres des cours professionnels, des offices gratuits de placement et accorder des allocations en cas de chômage, à la condition qu'il soit pourvu à ces trois ordres de dépenses au moyen de cotisations ou de recettes spéciales » (2). La réforme opérée par la loi comble une fâcheuse lacune. M. Jay réclamait avec énergie que la Chambre complétât sur ce point l'œuvre de sa commission et montrait que les caisses mutuelles, plus nombreuses que les caisses syndicales et composées, contrairement à celles-ci, de personnes exerçant diverses professions, pourraient former un précieux auxiliaire dans la lutte contre le chômage (3). Il est probable que les sociétés profiteront, plus que ne l'ont fait jusqu'ici les syndicats, de la faculté qui leur est donnée par la loi, et ne se laisseront pas, comme eux, distancer par les autres nations.

Nous avons exposé rapidement les divers moyens employés pour combattre le chômage. Il en reste un que nous nous proposons d'étudier plus spécialement : l'assurance. Nous examinerons les essais entrepris par les Etats, les municipalités et les sociétés privées ; les projets que ces expériences ont fait naître dans différents pays ; puis, à l'aide des résultats obtenus, nous chercherons à établir les principes sur lesquels doit reposer la nouvelle institution.

---

(1) V. Société d'Economie politique de Lyon, 1897, p. 107.
(2) V. *Journal Officiel*, 5 avril 1898.
(3) *Revue politique et parlementaire* (no de février 1896, p. 348 : L'assurance contre le chômage et les sociétés de secours mutuels,

CHAPITRE PREMIER

LES ESSAIS D'ASSURANCE CONTRE LE CHOMAGE

SECTION I

*Essais d'assurance avec intervention
de la commune ou de l'Etat.*

§ I. — L'ASSURANCE FACULTATIVE

I. — La Caisse de Berne.

I. — Fondation de la Caisse. — Avant de décrire
l'organisation de la caisse, et d'indiquer les résultats
qu'elle a produits jusqu'à ce jour, il nous semble utile de
dire quelques mots du milieu où s'est développée l'institution, et des raisons spéciales qui l'y ont fait introduire.

La ville de Berne, qui compte près de 60,000 habitants
(57,000 d'après les renseignements les plus récents), ne
possède pas, malgré son importance, de grande industrie. On ne peut guère citer que la fabrique d'armes de
la Confédération, une fabrique de machines, quelques

fabriques d'objets d'alimentation, de chocolat par exemple. La classe ouvrière se recrute principalement parmi les ouvriers du bâtiment et les manœuvres. Suivant le recensement fédéral de 1888, 15 % environ de la population totale vivent de l'industrie de l'ameublement ou de celle du bâtiment.

Le chômage atteint donc, chaque année, un grand nombre d'habitants; la statistique nous fournit à cet égard des chiffres précis. — En Suisse, les chômeurs furent comptés, pour la première fois, dans les hivers rigoureux de 1879-1880 et de 1880-1881. Berne avait, au mois de décembre 1880, 300 ouvriers inoccupés. Au printemps de 1881, 400 personnes se trouvaient sans travail. A douze ans d'intervalle, la situation paraît s'être aggravée encore. Dans l'hiver de 1892-1893, sur une invitation publique, 568 hommes et 17 femmes se déclarèrent en chômage; 92 personnes furent privées de secours parce qu'elles n'étaient pas domiciliées à Berne, parce qu'elles appartenaient à l'assistance publique, ou étaient notoirement paresseuses. La grande majorité des secourus était formée de manœuvres (349); puis venaient 19 maçons, 18 peintres ou plâtriers, 13 couvreurs, 12 tailleurs de pierres, 7 menuisiers (1), etc.

Ainsi, la seule industrie vraiment importante, celle qui groupait le plus d'ouvriers, était également presque la seule à subir les conséquences du chômage. Ce fléau prenait donc, à Berne, un caractère tout particulier de gravité, et les autorités de la ville devaient, plus qu'ailleurs, se préoccuper d'y porter remède.

Peut-être auraient-elles pris une autre voie ou, du

---

(1) V. Cürti. — *Bericht und Gutachten*, etc.

moins, auraient-elles hésité davantage avant de s'y engager, si, vers la fin de 1892, ne s'était dessiné un vif mouvement en faveur de l'assurance. Nous devons en faire connaître les différentes phases, car elles nous apprennent à quel système tout opposé on faillit aboutir, et nous donnent l'explication des principaux caractères de l'organisation définitive.

Les manœuvres avaient fondé, le 7 avril 1892, une fédération constituée provisoirement pour une durée de deux années, et dans laquelle pouvaient entrer tous les manœuvres, terrassiers, journaliers, etc., domiciliés à Berne. L'Union se proposait de combattre le chômage et ses conséquences.

Dans ce but furent créées une caisse d'épargne et une caisse de chômage. Pour alimenter cette dernière, la Fédération s'efforcerait d'établir, sur le marché de Berne, une augmentation de salaire de 5 ou 10 rappen (o fr. 10) par jour. En attendant, chaque membre devait donner mensuellement à la caisse le produit d'une heure de travail. Aurait droit à l'indemnité tout membre affilié depuis six mois et qui aurait payé régulièrement ses cotisations. Le taux de l'indemnité serait fixé, en assemble, générale, d'après l'état de la caisse ; les célibataires obtiendraient les 3/4 du secours, les gens mariés la totalité, après une semaine de chômage, et sous la condition qu'aucun travail ne leur ait été offert. Le chômage résultant d'un accident ou de la maladie ne serait pas pris en considération ; s'il avait pour cause l'ivrognerie, il serait infligé comme punition une privation de secours pendant trois semaines. Quant aux différends avec les patrons, ils donneraient lieu à une indemnité, avec cette réserve qu'il y serait pourvu, non par les ressources provenant de la commune ou des particuliers, mais par une majoration des cotisations.

A la même époque, des personnes charitables de la ville avaient chargé une commission d'adoucir autant que possible la misère des sans-travail. Le projet des manœuvres lui fut soumis ; elle en reconnut l'opportunité, mais pensa que, dans l'état actuel des salaires, les ressources de la caisse seraient insuffisantes, et qu'il fallait y joindre des subventions des entrepreneurs, et surtout de la commune.

Aussi adressa-t-elle, le 16 septembre 1892, au Conseil municipal une proposition où elle demandait, pour les unions ouvrières qui assistent leurs membres en chômage, une allocation communale égale à la moitié des indemnités payées dans l'année, jusqu'à concurrence de 5,000 francs ; elle réclamait, en outre, la nomination d'une commission, à qui serait confié le soin d'élaborer un règlement, d'étudier les demandes présentées par les ouvriers, de surveiller les caisses de chômage, et de distribuer les largesses de la ville. Les membres seraient choisis pour moitié par le Conseil municipal, et pour moitié par l'Union ouvrière.

Le Conseil consulta la direction de l'Assistance publique. Celle-ci, dans son rapport, tout en se ralliant à l'idée de l'assurance, et en se déclarant prête à offrir une subvention à la caisse, se prononça contre la formation d'une commission mixte, où les deux partis seraient presque toujours en désaccord, et où se produiraient fatalement des contradictions et des froissements. En conséquence, elle fit, à son tour, un nouveau projet dont nous citerons les dispositions essentielles.

1) La caisse de l'assistance des pauvres est autorisée à verser à la caisse de chômage de la Fédération des

manœuvres une subvention de 3,000 francs qui, dans les circonstances extraordinaires, pourra s'élever à 5,000 francs.

2) Cette subvention est accordée aux conditions suivantes .: a) les ressources ne doivent pas être employées à soutenir ceux qui ont mérité eux-mêmes le chômage par leur paresse, leur légèreté, leur désobéissance, etc; b) ou qui ont perdu leur occupation à la suite de discussions sur le salaire (grèves) ; c) le directeur de l'assistance a le droit de prendre part aux délibérations de la commission d'administration ; il peut opposer son veto aux secours donnés en violation des articles a et b ; d) tous les trois mois, il lui sera présenté, par l'administration, un rapport détaillé ; e) en cas de secours abusif, la subvention sera suspendue pendant un certain temps.

Comme on peut en juger, cette proposition tendait à faire profiter des ressources municipales, c'est-à-dire de l'argent de tous, une institution privée; elle présentait, d'autre part, l'inconvénient d'obliger, en quelque sorte, les ouvriers à s'affilier à la Fédération des manœuvres ou à l'Union ouvrière, alors que beaucoup entendaient conserver leur indépendance, et la contrainte morale ainsi créée était d'autant plus grave que la Fédération poursuivait bien d'autres buts que l'assurance contre le chômage. Aussi le Conseil de ville se refusa-t-il à ratifier le vote du Conseil municipal qui, moins conscient du danger, avait adopté le projet.

Le 13 janvier 1893, les deux Conseils votèrent un règlement où d'importantes modifications avaient été introduites, et qui fondait une caisse d'assurance à partir du 1er avril 1893, pour une période d'essai de deux années. Ils le remplacèrent, le 8 mars 1895, par un nouveau règlement encore en vigueur aujourd'hui (1).

II. — ORGANISATION DE LA CAISSE. — C'est dans ces deux règlements, et dans les règlements postérieurs édictés par la commission d'administration, qu'est établie l'organisation de la caisse. Pour en donner une idée claire et complète, nous rangerons sous quatre chefs les dispositions principales.

1º *Etendue de l'assurance.* — L'assurance est libre ; aucune contrainte n'astreint les ouvriers. On ne s'est pas décidé, après deux années d'expérience, à admettre l'obligation, les avis étant très partagés sur ce point. Mais la caisse est générale : tous les ouvriers domiciliés à Berne, quelle que soit leur profession, quel que soit leur salaire, peuvent y adhérer. Une seule limitation existait à l'origine: on n'accueillait que les ouvriers suisses. Le règlement de 1895 a supprimé cette restriction, sans, pour cela, causer une grande augmentation des charges de la caisse. En 1896, en effet, parmi les membres, 7 seulement étaient étrangers; on n'en comptait plus que 4 en 1897. C'est peut-être en prévision de ce résultat que fut étendu à tous, sans distinction de nationalité, le bénéfice de l'assurance. Les femmes pourtant n'y sont pas admises.

2º *Administration.* — Primitivement, l'administration était confiée à une commission de 7 membres,

---

(1) On trouvra le règlement de 1893 dans le nº 15 juillet 1893 du *Schweizerische Blätter*, et celui de 1895, dans l'ouvrage cité Schanz, p. 349.

citoyens suisses. Deux étaient désignés par les patrons adhérents, deux par l'Union ouvrière de Berne. Les autres étaient nommés par le Conseil municipal, qui devait choisir un ouvrier assuré et un membre de la Fédération des sociétés charitables. Le directeur du bureau de placement assistait aux séances de la commission avec voix consultative, et assurait le fonctionnement de la caisse. Ce lien qui unissait la caisse d'assurance au bureau de placement, le règlement de 1895 l'a resserré encore, en opérant la fusion des deux institutions. A leur tête, il n'y a plus qu'une seule commission, composée de 9 membres, dont 3 nommés par les ouvriers, 3 par les patrons, et 3 par le Conseil municipal. Ses pouvoirs, qui durent quatre ans, sont, en quelque sorte, des pouvoirs législatifs ; le directeur du bureau est chargé d'exécuter les ordres.

La commission fixe l'époque des indemnités, en détermine le taux dans une certaine mesure, rédige, chaque année, un rapport sur l'état de la caisse, et juge les difficultés auxquelles peut donner lieu la détermination du droit à l'indemnité. En cas de contestation entre l'administration et les membres, le président du tribunal de Berne est pris comme arbitre, et décide en dernier ressort.

3⁰ *Ressources de la Caisse.* — Elles comprennent :

1. *Les cotisations des ouvriers.* — La cotisation est uniforme, et le fait est à noter, car les assurés courent des risques bien différents, suivant qu'ils appartiennent à telle ou telle profession, et les principes de l'assurance demandent qu'à la variation dans les risques corresponde une variation dans le montant des primes. Le

taux en est très faible; fixée, en 1893, à o fr. 40 par mois (soit 4 fr. 80 par an), elle a été élevée, en 1895, à o fr. 50, soit 6 fr. par an. Pour le contrôle du paiement, on a adopté un système ingénieux. Le nouveau membre, à son entrée, reçoit un livret contenant le texte du règlement, et renfermant quelques pages destinées à reçevoir des timbres spéciaux que l'ouvrier achète, au prix de o fr. 40, puis de o fr. 50, soit au bureau de placement, soit au secrétariat du travail, soit chez les patrons, soit au siège des Unions dont les membres font partie de la caisse. Tous les deux mois, les livrets sont présentés au bureau de placement où l'on oblitère les timbres. C'est également sur ce livret que sont mentionnées les indemnités.

2. *Les contributions des patrons.* — Elles sont purement volontaires, et nous verrons que les patrons surent bien profiter de la liberté qu'on leur avait accordée.

3. *La subvention communale.* — Tout d'abord, la commune s'engageait à couvrir le déficit jusqu'à concurrence de 5,000 fr. ; depuis 1895, elle donne une subvention annuelle et fixe de 7,000 fr. dans l'idée, dit le règlement, qu'il restera un excédent de recettes à reporter sur l'exercice suivant. Mais elle ne répond pas des déficits qui sont désormais à la charge de la caisse.

4. *Les dons volontaires.*

4º *Dépenses de la Caisse* :

1. La dépense principale consiste naturellement dans le paiement d'*indemnités* aux victimes du chômage.

Pour avoir droit à l'indemnité de nombreuses conditions sont requises.

a). Il faut avoir payé régulièrement et sans interruption les cotisations et appartenir à la caisse depuis six mois au moins.

b). Il faut avoir subi un chômage de huit jours consécutifs.

c). Il faut que le chômage soit involontaire et professionnel, c'est-à-dire ne soit pas dû à la paresse, à la négligence, à la désobéissance, etc., ne résulte pas d'une grève ou d'une incapacité de travail.

d). Il faut qu'on n'ait pas refusé sans motif suffisant un travail quelconque offert en compensation de celui qui est perdu. L'administration cherche, en effet, avant tout, à procurer du travail au chômeur.

e). Il faut qu'on ait répondu à l'appel deux fois par jour, à 9 heures du matin et à 3 heures du soir. Cet appel, qui permet de constater si les membres sont réellement inoccupés, a lieu dans un salle, dite « chauffoir », où les ouvriers peuvent passer la journée s'ils le désirent. Grâce à la générosité de personnes charitables, cette salle s'est enrichie d'une petite bibliothèque, qui est mise à la disposition des ouvriers.

f). Enfin, il faut que le chômage se produise dans les mois de décembre, janvier et février. C'est, en effet, pendant l'hiver que les manœuvres, sur l'initiative desquels l'assurance a été fondée, trouvent le plus difficilement de l'ouvrage.

Le taux de l'allocation varie suivant l'état civil de l'assuré et l'époque où elle est accordée. Pour les trente premiers jours indemnisés elle était de 1 fr. pour les célibataires et de 1 fr. 50 pour les gens mariés. L'élévation de la cotisation, en 1895, a eu comme corollaire l'augmentation de l'indemnité : elle est actuellement de 1 fr. 50 et de 2 fr.

Pour le reste du temps, l'indemnité est fixée, d'après l'état de la caisse, par la commission, sans qu'elle puisse dépasser le taux que nous venons d'indiquer, et que l'on considère comme un maximum.

La durée du secours était d'abord de deux mois au plus ; elle est aujourd'hui de 10 semaines.

2. Les autres dépenses de la caisse sont des frais de bureau et d'administration, des frais de chauffage, et une subvention accordée au bureau de placement depuis 1895.

III. — RÉSULTATS. — Les résultats de la caisse nous sont connus par les quatre rapports qu'a publiés à la fin des exercices l'administration (1). Il serait fastidieux de les passer en revue l'un après l'autre, et d'indiquer tous les détails qui y sont mentionnés. Mieux vaut, croyons-nous, au risque d'être un peu aride, donner, à différents points de vue, quelques notions statistiques qui sont l'expression exacte de ces résultats.

1). La constatation la plus intéressante est évidemment celle qui concerne le *nombre des assurés*, indice certain de la puissance de la caisse et de l'influence qu'elle exerce.

Au début, comme on devait le prévoir, les ouvriers

---

(1) On trouvera le 1er rapport dans les *Schweizerische Blätter*... 1er vol. p. 415 ; le 2e traduit presque en entier dans le *Bulletin de l'Office du Travail*, juillet 1895. Les deux derniers nous ont été communiqués par l'administration.

se firent prier. Dans le mois d'avril 1893, le premier mois de fonctionnement, 24 seulement répondirent à l'appel; en mai, 16 sollicitèrent leur inscription. En juin, poussés par cette condition du règlement, qui n'accorde d'indemnité, qu'après six mois d'affiliation, 364 nouveaux membres se présentèrent. De ce total de 404 adhérents, il fallut déduire 50 individus qui n'avaient fourni aucune cotisation ou ne l'avaient payée que pendant moins de quatre mois. Il restait donc, au 31 mars 1894, 354 membres. Un chiffre aussi faible ne surprit pas la commission. « Si des nombreux ouvriers de la ville de Berne, dit-elle dans son rapport, une petite partie seulement s'est affiliée à la caisse, on peut supposer que beaucoup d'entre eux ont pris, pour le moment, une attitude expectative. La caisse d'assurance a fait preuve de vitalité, et on est en droit d'espérer, pour le deuxième exercice, un accroissement considérable du nombre de ses membres ».

La prudence est, sans doute, le trait caractéristique de l'ouvrier bernois, et il n'est peut-être pas facile de l'enthousiasmer. Nous voyons, en effet, que l'exercice 1894-1895 s'est traduit, non par l'augmentation que l'on attendait, mais, au contraire, par une diminution assez importante. 390 membres ont été inscrits, 126 dans le cours de l'année (90 ouvriers avaient donc renoncé à continuer l'expérience); 57 ont été rayés de la liste pour paiement incomplet de leurs cotisations, de telle sorte que la caisse comptait, au 31 mars 1895, 333 membres actifs, soit 21 de moins que l'année précédente (1).

---

(1) D'après Schanz, les chiffres indiqués dans le rapport ne sont pas exacts. Dans la deuxième année, il y aurait eu, non pas 333 membres, mais 413; nous nous en tenons aux chiffres de l'administration.

La troisième année (1895-1896) se présentait sous les meilleurs auspices. Le règlement de 1895, qui allait être appliqué, offrait aux ouvriers de sérieux avantages. Moyennant un léger supplément (o fr. 10 par mois) il élevait l'indemnité journalière de 1 fr. à 1 fr. 50 et de 1 fr. 50 à 2 fr. ; de plus la durée du secours, au lieu d'être de deux mois, pouvait s'étendre jusqu'à dix semaines. Cette fois les ouvriers se laissèrent tenter. 277 vinrent grossir la liste des adhérents, qui comprit 690 noms. Malgré les 146 déchéances prononcées, la caisse, au 31 mars 1896, avait un effectif de 544 membres.

Le progrès était sensible, et l'institution semblait avoir acquis les sympathies de la classe ouvrière. Mais ce beau jour n'eut pas de lendemain. On arriva un instant à un total de 710 adhérents ; malheureusement 216 ne voulurent pas supporter les charges qui leur incombaient. Par une dérogation au règlement, on leur avait pourtant accordé un délai de 5 mois ; ils préférèrent ne pas en profiter. Ainsi s'explique la brusque décroissance de 544 à 494 membres, qui se produisit dans l'année 1896-1897.

II. A quelles *professions* appartenaient ces assurés? Les rapports ne nous l'apprennent pas directement, mais il est facile de combler cette lacune regrettable, en remarquant les différents lieux où les ouvriers ont pris leurs inscriptions, et surtout en consultant la liste des chômeurs.

Le règlement autorise les ouvriers à se faire inscrire, soit chez leurs patrons, soit chez le président de leur union, soit chez le directeur du bureau de placement. En 1893, 173 individus s'adressaient à la Fédération

des manœuvres, 23 au syndicat des peintres et plâtriers ;
aucun autre syndicat ne reçut de demande. C'est donc
que les membres de la caisse sont, en grande majorité,
des manœuvres ou des ouvriers du bâtiment.

Nous arriverons, par une voie différente, à la même
conclusion. Dans l'ensemble des chômeurs, on compte,
en 1894-1895, 163 manœuvres, 62 ouvriers du bâtiment ; en 1895-1896, ils sont respectivement 250 et 64 ;
en 1896-1897, les deux professions réunies donnent 233
chômeurs. Au contraire, parmi les ouvriers des autres
industries, le chômage n'atteint qu'un tapissier en 1893,
11 jardiniers, selliers, cordonniers, etc. en 1895, et en
1896, 9 ouvriers de métiers divers. Voilà deux catégories bien tranchées ; quelle que soit la différence du
coefficient de chômage qui sépare la première de la
seconde, il n'y aurait pas entre elles un écart aussi considérable au point de vue du nombre de chômeurs, si ce
même écart n'existait au point de vue du nombre d'inscriptions à la caisse.

III. — Cette sorte de spécialisation de la caisse devait
avoir une conséquence importante, que nous avons déjà
signalée, mais qu'il importe de préciser : le *chiffre des
chômeurs et des indemnisés* a toujours été très élevé par
rapport au chiffre des inscrits ; il ne pouvait en être
autrement, puisque l'assurance comprenait les professions les plus exposées au chômage.

La première année, sur 354 membres, 216 se
déclarent sans travail ; 50 trouvent une place dans
les huit jours. Cela nous donne une proportion de
61 o/o de membres en chômage, et de 50 o/o à peu
près d'indemnisés. En 1894-1895, la caisse a 226
chômeurs ; elle en secourt 219, soit deux propor-

tions de 67 o/° et de 66 o/o. En 1895-1896, le nombre des chômeurs augmente : il y en a 325, ou 60 o/o ; 257 seulement, ou 47 o/o sont secourus. Enfin, cette dernière année, le rapport est muet sur le total des indemnisés ; il nous indique uniquement le nombre de ceux qui se sont déclarés ; nous en concluons que les deux chiffres correspondent exactement ; les 242 déclarés auraient donc tous reçu un secours : ils forment les 49 o/o des adhérents.

La situation peut ainsi se résumer : 59 o/o des membres se trouvent sans ouvrage ; 53 o/o profitent de l'assurance. Telle est la moyenne des quatre premières années ; elle semble vers la fin s'abaisser un peu, mais elle est, en tout cas, toujours supérieure à la moyenne que nous présentent les autres assurances.

Pourtant, à Berne, les ouvriers n'ont pas abusé de la caisse. Toujours, paraît-il, ils ont accepté avec empressement les travaux qui leurs étaient offerts, quels qu'ils fussent. Un fait digne d'être noté et qui, d'ailleurs, ne semble pas s'être renouvelé, c'est qu'en 1893, l'Union des peintres et plâtriers, dont 29 membres étaient assurés, paya sur son propre budget des indemnités à ceux d'entre eux qui étaient en chômage, dans le but de diminuer les dépenses de la caisse.

IV. — Si le nombre des indemnités doit rester, selon toutes prévisions, sensiblement égal, *le montant* est susceptible de plus de variations. Le chômage n'est parfois qu'un accident passager ; parfois aussi, il dure des mois entiers. La caisse de Berne, jusqu'ici, n'a pas eu trop à se plaindre de la violence du fléau. Il est vrai qu'il a été accordé des indemnités de 100 fr. et même de 120 fr., mais, en moyenne, elles ont été loin d'atteindre le maximum prévu. Dans la première période, comprenant les deux années où fut mis en application le règlement de 1893, l'indemnité moyenne est d'abord de 41 fr. 40, puis de 57 fr. 90 (ensemble 49 fr. 50), alors que le secours pouvait s'élever à 67 fr. 50. Malgré l'augmentation du tarif de 1895, qui portait l'indemnité à 105 fr. pour un célibataire, et 140 fr. pour un homme marié, grâce sans doute à la clémence de l'hiver, la moyenne n'est plus que de 38 fr. 90 en 1895-1896 et de 47 fr. en 1896-1897 (ensemble 42 fr. 50).

V. — Nous n'avons encore parlé que des dépenses, tout au moins de la dépense principale (les autres ne dépassent guère 6 à 700 fr. par an). Comment y est-il pourvu, et dans quelle mesure chacun des divers facteurs y contribue-t-il ? Cette question ne se pose que dans certaines assurances ouvrières ; pour les assurances ordinaires, la réponse serait par trop simple : la seule ressource est l'ensemble des primes payées par les assurés. Ici, nous avons quatre sortes de recettes, et leur classification nous offre le tableau suivant, que nous avons établi d'après l'étude des budgets de la caisse (1).

(1) Nous avons cru qu'il y aurait quelque utilité à dresser un état comparatif des recettes et des dépenses de la caisse de Berne, depuis sa fondation jusqu'au 31 mars 1897.

I. — RECETTES

	1893-94	1894-95	1895-96	1896-97
Cotisations des membres.	1.124 80	1.366 80	1.610 20	1.061 50
» des patrons....	949 60	1.703 70	1.648 »	1.612 »
Versements volontaires...	1.005 90	3.572 05	1.072 50	722 05
Subvention municipale...	4 735 40	5.000 »	7.000 »	7.000 »
Boni de l'exercice précéd.	»	»	1.321 60	1.801 85
Intérêts des capitaux....	»	11 65	40 75	51 35
Total....	7 815 70	11.657 30	12.793 05	13.179 35 (1)

(1) Dans le budget des recettes de 1896-97, n'est pas compris un legs de 5.000 fr.

En 1893-1894, la subvention municipale fournit 60 %
de l'ensemble des recettes ; puis viennent les cotisations des assurés, 15 %, les dons et versements volontaires, 13 % et enfin les contributions patronales, 12 %.

L'année suivante, l'ordre est changé. En tête, nous
trouvons toujours la subvention, 43 %, mais le
deuxième rang est aux dons volontaires 30 %, et le
troisième aux versements des patrons, 15 % ; les
cotisations n'arrivent qu'en dernière ligne avec 12 %
à peine.

La bienfaisance des donateurs de la caisse semble
s'être lassée ; les versements volontaires n'atteignent
plus en 1895-1896 que 8 % ; la subvention donne 54 %
des recettes, les cotisations des ouvriers 13 %, celles
des patrons 13 % également ; enfin, l'excédent du
précédent exercice, 12 %.

Cet excédent fournit, en 1896-1897 14 % ; la subvention 53 % ; les cotisations des ouvriers 15 % ; des
patrons, 12 % ; les dons descendent à 6 %.

En prenant la moyenne des quatre années, nous
voyons que la subvention a formé 52 % des recettes,
les dons volontaires 16 % ; les cotisations des ouvriers
14 % ; des patrons, 13 %, de telle sorte que la seule

(5.035 avec les intérêts) fait au cours de l'année par un brasseur M. Jucker. La commission a décidé de ne pas le porter en compte, et d'en faire un fonds de réserve spécial
L'actif de la caisse était donc, au 1er avril 1897, de 6.821.30, ou, en déduisant le legs
de 1.785 95.

II. — DÉPENSES

	1893-94	1894-95	1895-96	1896-97
Frais d'impres., bureau, etc.	954 30	595 10	387 35	163 15
Frais du chauffoir........	26 05	56 05	92 35	87 »
Indemnités............	6.885 75	9.684 25	10 011 50	10.643 25
Subvent. au bur. de plac.	»	»	500 »	500 »
Total....	7.815 70	10.335 70	10.091 20	11.393 40

ressource des autres assurances, constituée par les primes des assurés, est ici presque la moins importante, et n'est guère que la septième partie du budget total.

IV. — Conclusion. — Si nous avons laissé la parole aux chiffres, bien que leur éloquence ne soit pas toujours agréable, c'est que nous pouvons, sous leur autorité indiscutable, émettre quelques réflexions, s'appliquant, les unes spécialement à la caisse de Berne, les autres à toute caisse libre d'assurance contre le chômage.

Un fait frappe tout d'abord l'observateur. Comment expliquer que, dans une ville de près de 60,000 habitants, on soit parvenu, après quatre années, à englober dans une assurance contre le chômage, c'est-à-dire dans une institution qui est faite pour intéresser la grande masse de la population, 500 ouvriers à peine ? Que demande-on en échange d'un service important ? Presque rien, moins de 1/2 % du salaire. L'assuré est-il en retard ? N'a-t-il pu, à une époque où le travail manque, réaliser la plus petite économie ? On lui accorde un délai, fixé à deux mois par le règlement, mais que l'administration est libre d'étendre encore. On facilite aux ouvriers, de la manière la plus large, l'entrée à la caisse d'assurance. Pourquoi ont-ils donc témoigné à son égard tant de froideur et d'indifférence ?

L'explication en est simple. La caisse était bien, en principe, une caisse générale, ouverte à tous ; en fait, elle devait fatalement devenir une caisse réservée à quelques professions. Beaucoup d'industries, en effet, ne sont soumises au chômage qu'en été ; la belle saison est souvent pour elles la morte saison. Aussi ne peut-on attendre des ouvriers qui les exercent, qu'ils s'affilient à une caisse ne distribuant d'indemnités que pendant les trois mois d'hiver. Il est, d'autre part, des ouvriers qui ne risquent guère de se trouver sans travail, ceux des fabriques notamment, et qui ne se soucient pas de se prémunir contre un danger qui ne leur semble pas menaçant, et qui peut, en tout cas, les atteindre à toute époque de l'année. Ceux-là aussi resteront en dehors de l'assurance. Nous avons vu que la statistique confirme ce que le simple·bon sens permettait de prévoir.

Cette raison ne suffit pas, toutefois, à elle seule, à expliquer le peu de succès de la caisse de Berne. Il y a, dans cette ville, plus de 500 personnes appartenant à des industries, pour lesquelles chaque hiver annonce le retour du chômage. Elles forment 15 o/o de la population. Nous devrions donc voir plusieurs milliers de membres affiliés à la caisse, et non quelques centaines. Ce serait oublier qu'il ne faut pas trop compter sur l'esprit de prévoyance, dans une classe où l'épargne est particulièrement difficile, où la moindre économie n'est réalisée qu'au moyen de privations pénibles. L'ouvrier ne s'assure souvent que s'il est contraint de le faire ; il est parfois nécessaire de lui faire du bien à son corps défendant.

La caisse de Berne nous offre-t-elle une démonstration nouvelle de cette vérité, et en est-il de l'assurance contre le chômage comme d'autres assurances ouvrières, qui ne donnent des résultats appréciables qu'en devenant obligatoires ? Nous·verrons, en étudiant les principes, que l'objection a été faite et ce qu'il faut en penser. Bornons-nous, pour l'instant, à constater que la caisse de Berne n'a attiré jusqu'ici qu'un nombre restreint d'ouvriers, malgré les conditions exceptionnellement favorables qui leur étaient faites, et que ce nombre, fourni par quelques professions seulement, n'a pas progressé beaucoup depuis la date de sa fondation.

Il ne conviendrait pas, d'ailleurs, de trop s'attrister de l'influence modeste de ·la caisse; c'est au petit rôle qu'elle a joué qu'elle doit de vivre encore. Les indemnités, nous l'avons dit, ont atteint un chiffre considérable, et on peut se demander ce qu'il serait advenu, si le nombre des membres s'était accru dans de fortes proportions, et s'ils s'étaient recrutés dans toutes sortes de professions, ayant chacune leurs causes de chômage spéciales avec leurs conséquences diverses. La caisse ne résisterait pas au succès, et il n'est pas paradoxal de dire, que ce serait pour elle l'équivalent d'un échec.

C'est qu'en effet, la cotisation d'un assuré est bien peu de chose, relativement aux dépenses qu'il occasionne. La ressource de beaucoup la plus sérieuse est la subvention municipale, et elle n'est pas indéfiniment extensible. Quant à la bienfaisance des patrons et des particuliers, elle sait bien se fixer à elle-même des limites, et ces limites ne changent guère que pour se resserrer. Les patrons, à Berne, n'ont pas fait preuve d'une grande générosité, et n'ont pas compris que le devoir, en même temps que l'intérêt, leur commandaient de favoriser l'institution. « On ne saurait nier, dit le rapport de 1893, que les patrons n'ont pas réalisé les espérances qu'on avait fondées sur eux. » Il s'est produit d'abord, chez les particuliers, un vif mouvement de sympathie, qui s'est manifesté par des dons importants. De toutes les classes de la population, une seule s'est tenue à l'écart, à en croire le rapport de 1896. « Sur la liste des donateurs, dit-il, nous ne trouvons pas le nom d'un seul cafetier. On ne nous blâmera pas d'exprimer l'étonnement que nous cause une pareille conduite. Nous pensons que la classe ouvrière, pendant la bonne saison, offre aux brasseries une clientèle assez lucrative pour qu'elles s'occupent un peu plus d'elle dans les mauvaises périodes ».

La parcimonie des cafetiers de Berne ne tarda pas à faire des adeptes. Les particuliers, après un effort méritoire, se dirent sans doute que leur argent pourrait être mieux employé qu'à doter chaque année une caisse, dont ils fournissaient déjà, par l'impôt, le principal revenu. Le rapport de 1896 explique à sa manière cette indifférence du public : « Ce fait tient peut-être à des causes spéciales, mais il vient surtout de ce que de nombreux donateurs habituels, trompés par la douceur de la température, ont cru qu'elle rendait le chômage impossible, sans se douter que l'hiver est toujours l'hiver. » L'année suivante, une nouvelle diminution de 500 francs au chapitre des dons montra que l'hypothèse était par trop optimiste ; aussi le rapport de 1897 enregistre-t-il le fait sans commentaire.

La caisse d'assurance n'a donc été et ne sera jamais que faiblement alimentée, soit au moyen des cotisations, soit au moyen des versements volontaires des patrons et des particuliers ; pour qu'elle se remplisse, la commune devra, comme elle a dû déjà le faire, lui accorder une subvention considérable. Mais alors, ce système est-il vraiment une assurance ? N'est-il pas plutôt une assistance déguisée, et avant tout une assistance par la commune, c'est-à-dire par l'impôt ? C'est là encore une objection qui, cette fois, s'adresse au principe même de l'assurance contre le chômage. Nous l'examinerons en son temps, mais, il faut bien l'avouer, la caisse de Berne, par l'énorme disproportion qu'elle établit entre les primes touchées et les indemnités payées, encourt, plus que toute autre, le reproche d'être une caisse d'assistance.

Voilà les enseignements que nous présente l'expérience bernoise ; il convient, toutefois, de ne pas généraliser trop vite et de faire quelques réserves à raison des caractères particuliers de l'organisation que nous venons d'étudier.

Il se peut qu'une caisse libre d'assurance, accordant des indemnités en toute saison et non seulement pendant l'hiver, réunisse un plus grand nombre d'ouvriers, en intéressant un plus grand nombre de professions, mais, nous pensons avoir montré que l'échec partiel de la caisse de Berne a une cause plus générale : l'esprit même de la classe que l'on veut protéger. Il se peut qu'une caisse libre, demandant un sacrifice plus considérable aux assurés, trouve dans les cotisations versées, sinon la ressource principale, tout au moins une ressource plus importante qu'à Berne, mais il faut se rappeller que les assurés sont des ouvriers, c'est-à-dire des personnes sans fortune. Il se peut que la charité privée montre plus d'intérêt qu'elle n'en a montré à Berne pour une institution humanitaire, et diminue davantage les charges de la commune, mais c'est là un espoir qui pourrait bien ne pas se réaliser, et sur lequel il n'est pas permis de trop s'appuyer.

Ainsi les résultats de la caisse de Berne se reproduiraient dans toute caisse libre, et il n'y aurait entre ceux-ci et ceux-là qu'une différence de degré. Nous en déduisons les conclusions suivantes : une caisse libre ne groupe qu'un nombre restreint d'ouvriers ; les assurés n'appartiennent qu'aux professions les plus menacées par le chômage ; de là résulte une proportion très forte d'indemnisés par rapport à l'ensemble des assurés. L'assurance, ainsi conçue, ne peut vivre que grâce à une importante subvention de la commune ou de l'Etat.

Il serait injuste, d'ailleurs, de terminer cet exposé, sans reconnaître les bons côtés de l'institution de Berne. Telle qu'elle est organisée, la caisse a rendu de grands services. Si l'on met à part les objections théoriques et les prévisions pessimistes, et si l'on s'en tient aux résultats obtenus, on doit admettre qu'elle a eu pour effet d'arracher à la misère la plupart des victimes du chômage, et précisément celles qui avaient le plus grand besoin d'une aide. La direction de l'assistance publique de Berne constate, dans un rapport récent, une diminution des secours accordés à la catégorie des assistés temporaires, et juge avec raison qu'elle est due à l'établissement de l'assurance. Chaque exercice s'est soldé par un excédent de recettes, et nous pensons, comme le rapporteur de 1897, que l'existence de la caisse est moins que jamais en doute. Nous nous en réjouissons autant que lui : on pourrait aller plus avant dans la voie de la perfection ; c'est déjà bien beau d'y avoir tenté quelques pas.

II. — La Caisse de Cologne (1)

Les conclusions que nous avons dégagées de l'étude de la caisse bernoise n'auraient guère de valeur, si elles

---

(1) V. Off. Travail : *Documents sur la Question du Chômage*, p. 43. — *Satzungen der Stadtkölnischen Versicherungskasse gegen Arbeitslo-*

n'étaient confirmées par d'autres faits. l'Économie sociale est une science fondée avant tout sur l'observation, et ne pose des principes qu'après en avoir contrôlé l'exactitude dans des expériences nombreuses et anciennes. En ce qui concerne l'assurance contre le chômage, les essais sont rares et récents : ce sont là deux raisons qui, nécessairement, diminuent la portée de nos conclusions, et peuvent les faire considérer comme imprudentes et hâtives. En tout cas, l'histoire de la caisse de Cologne leur donnera, pensons-nous, plus de fondement, en apportant un nouveau témoignage conforme à celui que nous offrait le système de Berne et, à ce titre, il nous semble utile de l'étudier ; elle est. d'ailleurs assez curieuse pour retenir quelques instants l'attention.

I.

Nous avons relevé, dans une statistique dressée, en 1890, par les syndicats ouvriers allemands, quelques chiffres qui nous renseignent à la fois sur la population de Cologne et sur l'importance du chômage dans cette ville. Au premier décembre 1890, Cologne (y compris les faubourgs) avait 197,081 habitants ; 8,851 ouvriers se trouvaient sans travail, et la durée moyenne du chômage était de dix-sept semaines.

De toutes les villes indiquées dans la statistique, c'est Cologne qui présente proportionnellement le plus

---

sigkeit im Winter. — *Geschäftsbericht der Stadtkölnischen Versicherungskasse für die erste Betriebszeit* (vom 9 mai 1896 bis 31 Marz 1897). — *Kölnische Zeitung* (n° 6 février 1898) : *Die Stadtkölnische Versicherungs-kasse.* — Schanz : *Neue Beiträge Zur Frage der Arbeitslosen-Versicherung.*

grand nombre de chômeurs et la plus longue durée de chômage. A Leipzig, par exemple, sur une population de 295,000 habitants, on trouve deux cents chômeurs de moins; Hambourg, avec ses 569,000 habitants, a seulement 4,893 ouvriers inoccupés. S'il faut s'en rapporter aux déductions de M. Oldenberg, la proportion des salariés serait de 23 o/o de l'ensemble de la population. Il en résulterait qu'à Cologne, 19 o/o des ouvriers ont été, en 1890, atteints par le chômage, alors que la moyenne générale pour les 31 localités étudiées n'est que de 7 o/o (1).

De cette situation particulièrement grave, devait naître l'idée d'une caisse d'assurance. La fondation en fut décidée dans une assemblée de citoyens tenue, le 6 mars 1896, à l'hôtel de ville, et la nouvelle institution fut en même temps rattachée au bureau de placement. Quelques jours après, les statuts étaient votés, approuvés par les autorités supérieures, et la caisse commençait à fonctionner le 9 mai 1896.

II.

Le système de Cologne se rapproche beaucoup de celui de Berne, au moins dans les parties essentielles. Il est fondé, lui aussi, sur le principe de la liberté la plus complète; on ne pouvait, d'ailleurs, songer à lui donner une autre base, le gouvernement de l'Allemagne n'ayant pas édicté de loi qui permît aux communes la création de caisses obligatoires. De plus, la caisse de Cologne, comme celle de Berne, est ouverte à tous les

---

(1) V. cette statistique dans l'art. de M. Jay, sur le projet du canton de Bâle-Ville (*Revue d'Économie Politique*, avril 1895).

ouvriers, sans distinction de profession ni de salaire;
elle ne distribue, et c'est là encore une ressemblance,
des indemnités que pendant l'hiver. Il existe, pourtant,
entre les deux caisses quelques différences qui méritent
d'être notées et que nous allons trouver en entrant
dans le détail de l'organisation (1).

1o *Etendue de l'assurance.* — Peuvent s'affilier à la
caisse les ouvriers mâles, âgés d'au moins 18 ans, qui
ont, depuis deux ans, leur domicile dans la commune de
Cologne, et ne sont pas atteints d'une incapacité durable
de travail. Voilà des conditions d'âge et de domicile
dont la ville de Berne ne s'était pas préoccupée, et qui
apportent une certaine restriction à l'étendue de
l'assurance (2).

2o *Ressources.* — Des éléments de recettes, incon-
nus à Berne, apparaissent ici, et constituent le caractère particulier de l'institution. Nous disions que la
caisse de Berne a, comme ressource principale, la
subvention communale, c'est-à-dire l'assistance publique; à Cologne, la charité privée surtout est mise à
contribution. Les dépenses de la caisse, dit l'art. 2 des
statuts, sont couvertes : 1o par les cotisations des
membres honoraires et des protecteurs de l'œuvre. Le
titre de membre honoraire est acquis par le paiement

---

(1) Schanz dit que la caisse d'assurance de la ville de Cologne n'est
pas une institution communale, mais privée. Toutefois, elle nous
semble mériter ce titre, en raison de la subvention de la commune,
et du contrôle exercé par les autorités.

(2) On exigea que les membres fussent domiciliés depuis deux ans,
parce qu'on craignait une invasion d'ouvriers, qui chercheraient
uniquement à se procurer, au moyen de cotisations minimes, un
secours de plusieurs mois.

d'une cotisation annuelle d'au moins 5 marks (6 fr. 25) ; il peut être donné aux ouvriers qui ne s'assurent pas, et qui ont alors le double avantage de verser 3 marks seulement, et de les payer à raison de 25 pfennigs par mois. Pour être protecteur, il ne faut qu'un seul versement, mais il ne doit pas être inférieur à 300 marks (375 fr.); les corporations, les sociétés commerciales peuvent témoigner ainsi leur intérêt pour la caisse.

Cette innovation nous semble très juste. Les sociétés et associations de toute nature, sociétés de secours mutuels, syndicats par exemple, possèdent des membres honoraires ; il n'y avait aucune raison pour n'en pas créer, dans une institution qui poursuit un but humanitaire, et mérite toute la sollicitude des philanthropes. Les autres recettes sont comme à Berne :

Les cotisations des assurés. — Chaque assuré a à payer une cotisation hebdomadaire de 25 pfennigs (o fr. 31) ; mais, au lieu de la payer pendant tout le cours de l'année, il ne la doit que pendant 34 semaines après le 1er avril (par exception, les cotisations du 1er exercice sont fixées au nombre de 26). La cotisation n'en reste pas moins bien supérieure à celle de Berne : celle-ci est de 6 fr., celle-là de 10 fr. 54.

La subvention de la commune : c'est au budget de chaque année, que le montant en est établi.

Enfin, *les dons* des autorités, des unions, sociétés, patrons et autres personnes.

3o *Dépenses.* — Les conditions du *droit* à l'indemnité sont les mêmes qu'à Berne ; pourtant, il n'est accordé qu'après le payement intégral des cotisations ;

il ne suffirait pas d'une affiliation de six mois ; de plus, le cas de grève n'est pas formellement prévu : on se contente d'exclure le chômage mérité par une faute personnelle ; enfin, le chômage doit se produire du 15 décembre au 15 mars.

La *durée* du secours est au plus de huit semaines, ou plutôt de 48 jours : les dimanches et fêtes ne sont pas comptés ; il part du sixième jour qui suit la déclaration de chômage. Le *taux* varie, comme à Berne, suivant l'état civil de l'assuré et l'époque de l'indemnité ; il s'élève, pour les gens mariés et les veufs qui ont à leur charge un ou plusieurs enfants, à 2 marks (2 fr. 5o) par jour de travail ; il est, pour les autres assurés, de 1 mark 1/2 (1 fr. 85). Les assurés ne jouissent pas, d'ailleurs, bien longtemps de cette indemnité ; elle n'est accordée que pour les vingt premiers jours de chômage ; elle est ensuite réduite de moitié.

Telle est la dépense principale de la caisse ; il en est prévu une autre toute spéciale : c'est le remboursement des cotisations payées, dans l'exercice en cours, aux veuves ou aux enfants de l'assuré décédé avant d'avoir eu droit aux secours, ou à l'assuré lui-même si, avant cette date, il est devenu incapable de travailler.

4o. — *Administration.* — Le premier organe de l'administration est le *Comité de direction.* Il comprend le bourgmestre de la ville de Cologne ou un adjoint qu'il désigne, le président du bureau de placement, et dix-huit membres. Six sont nommés annuellement par le Comité des assurés, et douze par l'Assemblée générale des membres honoraires et des protecteurs, qui en choisit six parmi les patrons et six parmi les simples particuliers, ni ouvriers, ni patrons. Ce comité élit, chaque année, un président, un vice-président, un rapporteur, un sous-rapporteur, un trésorier et un trésorier-adjoint. Le trésorier administre avec l'aide du directeur de la Caisse, nommé par le président.

Le Comité représente, comme on peut en juger, tous les intéressés : la commune, le bureau de placement, les assurés, les patrons et les membres honoraires. Toutefois, il était à craindre que les ouvriers ne fussent pas satisfaits d'une administration, où ils ne formeraient qu'une minorité. Aussi a-t-on créé, à côté du Comité de direction, un *Comité des assurés*. Il est élu chaque année, au mois de décembre, et comprend autant de membres qu'il y a de fois cinquante assurés, sans pouvoir, en tout cas, compter moins de six membres. Le directeur de la Caisse en fait partie de plein droit. Tous les membres du premier Comité peuvent assister à ses délibérations avec voix consultative.

Enfin, l'*Assemblée générale* constitue le dernier organe de cette administration si complexe. Elle se compose du bourgmestre, du président du bureau de placement, du Comité des assurés, des membres honoraires et des protecteurs, qui ont une voix par subvention de 300 marks. Dans sa séance ordinaire, tenue entre le 1er avril et le 1er juillet, elle examine les rapports du Comité directeur sur les opérations de la caisse, et le rapport du trésorier ; sur l'avis du président, ou sur la demande de trente membres, l'assemblée est convoquée en séance extraordinaire.

Nous n'avons parlé que de l'Administration supérieure. En réalité, la caisse est dirigée par un gérant et des employés ; ce sont ceux qui reçoivent les cotisations et payent les indemnités. La dissolution de la caisse peut être prononcée par deux assemblées extraordinaires, tenues à six semaines d'intervalle, à la majorité des trois quarts des voix. Le capital serait alors mis à la disposition de la ville, à condition de le consacrer à l'amélioration du sort des ouvriers, ou à un autre but social.

III

La caisse de Cologne n'a pas encore achevé son deuxième exercice ; le premier, par exception, comprenait la période du 9 mai 1896 au 31 mars 1897 ; le deuxième ne se terminera qu'au 31 mars 1898. Nous n'avons donc pu avoir sous les yeux qu'un seul rapport de l'administration, mais un article tout récent du *Journal de Cologne* nous a permis de connaître, jusqu'au mois de février 1898, les résultats de la caisse, et d'embrasser ainsi un espace de près de deux années.

I. — Un fait se dégage de la simple lecture de ces documents : c'est que l'institution a obtenu le plus grand succès, mais seulement dans les classes de la population qui ne sont pas appelées à profiter de ses avantages. En consultant la liste nominative jointe au rapport de 1897, nous avons compté 70 protecteurs avec une subvention moyenne de 1,000 marks (1,250 fr.), et 506 membres honoraires ; il était difficile de donner un témoignage plus vif de sympathie pour l'œuvre nouvelle.

Parmi ces généreux donateurs, il y eut sans doute des patrons, des industriels, qui engagèrent leurs ouvriers à montrer de leur côté quelque intérêt à une caisse créée spécialement pour leur rendre service. On était d'autant plus en droit de compter sur la bonne volonté des salariés, que la ville de Cologne est très importante, et que le chômage y fait de nombreuses victimes. Or, il se trouve, par un contraste vraiment stupéfiant, que 229 personnes seulement demandèrent leur inscription au cours de la première année. Neuf furent renvoyées parce qu'elles ne remplissaient pas les conditions d'admission exigées par les statuts ; le chiffre fut donc réduit à 220 et, sur ce nombre déjà si faible, 86 se repentirent de leur prévoyance, et renoncèrent à leurs droits en cessant de payer leurs cotisations. En définitive, la caisse comprenait 132 membres ayant droit à l'indemnité de chômage.

Les fondateurs ne s'attendaient guère à un pareil résultat et, craignant au contraire qu'il se produisît de la part des ouvriers une véritable invasion, avaient jugé prudent de limiter par un article des statuts, et pour le premier exercice, le chiffre des assurés à 1,000. Cette disposition devait rester toute platonique. Le président dans son rapport nous donne une foule d'explications de l'échec.

« Dans les dernières années qui précédèrent l'inauguration, dit-il, le chômage, en raison de la douceur extraordinaire de l'hiver, s'était peu développé. Cette circonstance, la nouveauté de la chose, l'interprétation erronée des dispositions, l'effort d'un parti pour entretenir la méfiance vis à vis de la caisse, enfin la durée écourtée du premier exercice, eurent cette conséquence, que le nombre des inscriptions resta dans de très modestes limites. L'administration croit pourtant devoir se reposer sur le temps pour dissiper, par la force des choses, les idées fausses et la méfiance sans fondement. L'attitude des ouvriers s'est déjà bien modifiée, depuis qu'ils ont pu apprécier les bienfaits de l'institution, et qu'ils ont vu les assurés pourvus de bonnes places ou de larges indemnités. En réalité, nous ne doutons pas que la suite de l'expérience n'apporte la preuve que l'assurance contre le chômage, telle qu'elle est apparue pour la première fois en Allemagne, se révélera dans l'avenir comme une œuvre extrêmement bienfaisante ».

Le trésorier n'éprouve pas non plus le moindre découragement. « Si peu d'ouvriers se sont affiliés à la caisse, dit-il, celle-ci est maintenant avantageusement connue. L'ouvrier prévoyant sait aujourd'hui que la faculté lui est donnée, au moyen de cotisations minimes, payées pendant l'époque du travail, de se protéger pour l'hiver, lui et sa famille, contre les suites du manque de travail et de salaire ».

L'espoir était malheureusement peu fondé, et l'augmentation considérable que l'on attendait ne s'est pas produite. Voici, en effet, d'après le *Journal de Cologne*, évidemment bien renseigné, les résultats du deuxième exercice à ce point de vue : il étudie la situation à la fin de janvier, mais nous pouvons la considérer comme définitive, en ce qui concerne le nombre des assurés, puisque les cotisations doivent être payées pendant 34 semaines après le 1er avril, et que ces 34 semaines sont écoulées depuis longtemps. 349 personnes se sont inscrites; 27 furent exclues immédiatement, si bien que la caisse comprend seulement 102 inscriptions de plus que l'année précédente.

C'est donc par un mot d'espoir qu'il faut, cette fois encore, apprécier les résultats acquis, et on nous dit comme on nous disait déjà: « La puissance bienfaisante de la caisse est de plus en plus reconnue, et les ouvriers de saison qui ont négligé de s'y faire inscrire en éprouvent un grand regret. On peut compter avec certitude que 'e nouvel exercice verra se produire une affiliation beaucoup plus importante ». Le *Journal* nous apprend qu'une commission s'occupe en ce moment de l'examen des statuts, et cherche à améliorer et à perfectionner l'institution dans l'intérêt des assurés ; il prévoit que les modifications entraîneront un immense développement de la caisse. Pour notre part, nous doutons que ce développement atteigne de sérieuses proportions et qu'on réussisse, même en diminuant les cotisations, et en augmentant l'indemnité (car c'est sans doute ce que l'on projette), à englober dans l'assurance la plus grande partie des intéressés. L'expérience de Berne peut passer pour un succès en face de celle de Cologne; aussi sommes-nous fondé à répéter ce qui était notre première conclusion : une caisse libre ne comprend qu'un nombre restreint d'ouvriers.

II. — Nous ajoutions : les assurés n'appartiennent qu'aux professions les plus menacées par le chômage ; de là résulte une proportion très forte d'indemnisés par rapport à l'ensemble des assurés. Ce qui était vrai de Berne l'est aussi de Cologne. Des 220 ouvriers inscrits en 1896-1897, cinq seulement n'étaient pas soumis au chômage périodique : deux étaient tonneliers, un, ouvrier en stuc, un, tapissier, un, charron. Quant aux autres, ils rentrent dans la catégorie des ouvriers du bâtiment (82) ou dans celle des manœuvres et journaliers (133). L'accroissement qui s'est manifesté au cours de l'année suivante n'a porté que sur ces deux classes. L'ouvrier en stuc et le charron, se sentant dépaysés, se sont retirés, et il reste, comme avant, cinq personnes appartenant à diverses industries menacées, à toute époque, par le chômage. Le nombre des ouvriers en bâtiment s'est élevé à 152, et celui des manœuvres à 167.

Si les assurés sont peu nombreux, du moins profitent-ils presque tous des avantages qui leur sont offerts. Du 15 décembre 1896 au 15 mars 1897, 96, soit près de trois quarts, (puisque 132 seulement remplirent leurs obligations) se déclarèrent en chômage. Le bureau de placement put procurer à 15 d'entre eux une occupation durable : en effet, comme à Berne, l'administration cherche, tout d'abord, à donner du travail aux chômeurs ; quel que soit ce travail, ceux-ci ne peuvent le refuser, et la seule règle en la matière, c'est que l'administration aura égard autant que possible aux dispositions corporelles et intellectuelles de chacun (1). 81 assurés obtinrent des occupations passagères et, dans l'intervalle, touchèrent des indemnités allant de 6 marks 50 à 68 marks.

A la fin de janvier 1898, c'est-à-dire, après un mois et demi de fonctionnement, (la période de secours s'étendant jusqu'au 15 mars), 134 assurés s'étaient déjà inscrits sur la liste des chômeurs (soit plus du tiers) et la liste ne peut manquer de s'allonger, surtout si, comme le dit le *Journal*, la neige fait son apparition.

III. — Nous arrivons au dernier point de notre étude : Quelle est dans l'œuvre de Cologne, la part d'assurance, et quelle est la part d'assistance ? Nous n'avons, pour répondre à la question, qu'à jeter un coup d'œil sur les comptes de l'année 1896-1897. Les recettes se sont

---

(1) On a, dit M. Schanz, établi à Cologne des règles sévères pour l'acceptation du travail, parce que, dans une assurance, qui a beaucoup plus le caractère d'une assistance, on n'a pas à prendre en considération les susceptibilités souvent excessives des ouvriers, et parce que les assurés appartiennent en majorité à la catégorie des ouvriers sans instruction.

élevées à la somme de 108,664 marks ; la subvention communale y a contribué pour 25,000 marks ; les subventions des protecteurs pour 70,500 marks ; les cotisations des membres honoraires, données une fois pour toutes, pour 3,170 marks, et les cotisations annuelles des mêmes membres, pour 5,025 marks ; en ajoutant les intérêts jusqu'au 31 mars, on arrive à un total de 107,657 marks. Ainsi les cotisations des assurés (1,007 marks) n'ont pas constitué la centième partie des recettes générales ; la commune en fournissait près du quart, les particuliers près des trois quarts.

Il serait exagéré, toutefois, de conclure de ces chiffres que la part d'assurance est aussi infime, et que la part d'assistance est formée surtout par l'assistance privée. Il ne faut pas oublier, en effet, que les générosités des particuliers ne se reproduiront pas, et qu'elles servent à former un fonds de réserve ; mettons ce fonds à part : les recettes sont ramenées à 32.000 m., dont 25.000 donnés par la commune, 5.005 par les membres honoraires et 1.007 par les assurés, et notre conclusion sera celle que nous donnions pour la caisse de Berne : une caisse libre est, avant tout, alimentée par l'assistance communale, puis par l'assistance privée ; les recettes provenant des assurés ne sont que secondaires.

Cette impression se modifie un peu, si l'on envisage seulement les dépenses. Tant en frais de premier établissement, d'administration, qu'en frais d'indemnités, elles se sont élevées à 5.082 marks. La contribution des assurés paraît ici proportionnellement beaucoup plus forte : c'est la cinquième partie des dépenses totales, ou près de la moitié de la somme consacrée au payement d'indemnités. Nous ne pouvons donc nier que la caisse de Cologne ne soit, à proprement parler, une caisse d'assurance. Il semble, au contraire, malgré les apparences, qu'elle mérite ce titre plus que la caisse de Berne ; elle est loin, pourtant, de se suffire à elle-même (1).

En résumé, l'expérience de Cologne n'est pas faite pour engager à la création de caisses d'assurance facultative contre le chômage : elle montre que les plus grands efforts ne peuvent triompher de l'indifférence et de l'imprévoyance des ouvriers, et que les resultats, si modestes qu'ils soient, ne sont atteints que par l'adjonction aux cotisations des assurés, d'importants subsides publics ou privés ; il ne saurait en être autrement, puisque les assurés profitent presque tous de l'assurance.

§ II. — L'ASSURANCE OBLIGATOIRE

La Caisse de Saint-Gall.

Nous avons étudié deux essais d'assurance facultative ; il eût été regrettable de ne pouvoir faire, pour ainsi dire, la contre épreuve, en mettant en regard de ces essais, au moins une expérience fondée sur le principe tout différent de l'obligation. La Suisse, cette

---

(1) « Une telle assurance, dit M. Schanz, est une modification de la bienfaisance et, en même temps, un encouragement à l'épargne. On dit à l'ouvrier : Si tu possèdes assez d'énergie pour épargner huit marks et demi, nous sommes prêts à te restituer cette somme, avec une forte prime, alors que tu es à peu près sûr de te trouver en chômage dans l'époque voulue. Aussi l'institution dépend-elle des subventions venant du dehors ». Et plus loin : « Il est regrettable que ce mode dépende dans son existence même de contributions volontaires. Très souvent on remarque que la générosité diminue, si l'on renouvelle la demande. »

fois encore, nous fournit l'exemple qui nous est utile ; la ville de St-Gall a cherché, comme Berne, dans l'assurance, un remède contre le chômage, mais, plus radicale que Berne, s'est placée, dès le début, sur le terrain de l'assurance obligatoire. Aussi devons-nous consacrer quelques développements à l'étude de l'institution qu'elle a créée, et en examiner avec soin l'histoire, l'organisation et les résultats.

I. — FONDATION DE LA CAISSE.

La ville de Saint-Gall est moins importante que la ville de Berne ; elle compte seulement de 30,000 à 35,000 habitants ; pourtant, l'industrie y est plus développée. Il s'y trouve, à côté de nombreux ouvriers du bâtiment, de l'habillement, de l'alimentation, une assez forte proportion de travailleurs appartenant aux industries textiles, brodeurs ou apprêteurs ; ces derniers formaient, paraît-il, en 1888, leurs familles comprises, 14,5 p. o/o de la population totale.

Quelle était dans la ville l'importance du chômage, et dans quelle mesure chaque profession subissait-elle le fléau ? Nous avons sur ce point des renseignements très précis, qu'a publiés M. Zuppinger, directeur de la police (1). La statistique du chômage pendant l'hiver, entreprise depuis 1888, a donné les chiffres suivants : 1887-88, 239 chômeurs; 1890-91, 177 ; 1891-92, 211 ; 1892-93, 326 ; 1893-94, 470. « Il résulte de ces observations, conclut M. Zuppinger, que le nombre des sans travail est allé sans cesse en augmentant. »

---

(1) *Die Arbeitslosigkeit in St-Gallen* (Statistik des Kantons St-Gallen II Heft), 1895.

Quant aux professions frappées, un simple coup d'œil sur la statistique nous apprend que le chômage atteint à St-Gall presque exclusivement ceux qu'on nomme ouvriers de saison : les uns sont des ouvriers *inqualifiés* qui mettent uniquement à la disposition du patron leurs forces corporelles, et les autres, des ouvriers *qualifiés*, c'est-à-dire instruits, qui possèdent une culture particulière. Nous rangeons parmi les premiers les terrassiers, les manœuvres, les journaliers, les valets d'écurie, les emballeurs et garçons de magasin : ils représentent, dans l'ensemble des chômeurs, en prenant la moyenne des cinq années, 41 8 o/o ; les travailleurs de la deuxième catégorie sont les tailleurs de pierre, les maçons, les plâtriers, les charpentiers, menuisiers, couvreurs, peintres, serruriers, jardiniers : ils forment en moyenne 36 o/o des chômeurs, et les deux groupes réunis 78 o/o. Ainsi, la 5e partie du nombre des ouvriers inoccupés, exactement 21 o/o, se répartit sur trente autres professions : les brodeurs, notamment, fournissent au plus 8 chômeurs, les apprêteurs, 5 au maximum ; les tailleurs, cordonniers, commis, tonneliers, etc., sont parfois occupés tout l'hiver, et n'augmentent pas d'un seul chiffre l'armée des sans travail.

Toutefois, le mal, sans être général, prenait des proportions assez inquiétantes pour attirer l'attention des autorités. Elles ne songèrent pas tout d'abord à l'assurance, et se bornèrent à voter des distributions de secours. Pour la première fois, on trouve au compte communal de Saint-Gall, dans l'exercice 1890-1891, sous la rubrique « subvention pour les chômeurs », une somme de 1,250 fr. que le budget n'avait pas prévue. Le même fait se reproduisit l'année

suivante, mais les dépenses relatives à cet objet s'éle-
vèrent à 4,352 fr. 90. Le conseil communal, pensant
qu'on ne pouvait attendre de sitôt un changement dans
les circonstances qui donnaient lieu à ces frais, consacra
dans le budget de 1892-1893, une somme de 2,000 fr.
aux secours de chômage; il fallut la doubler. Aussi, en
1893, est-il prévu une dépense de 4,000 fr.

Nous n'avons reproduit ces chiffres, que pour montrer que la municipalité devait être assez disposée à admettre l'assurance, car la subvention qu'elle serait
obligée de fournir ne dépasserait pas sensiblement les
sommes destinées chaque hiver à secourir les sans-
travail.

Elle en laissa pourtant l'initiative aux ouvriers eux-
mêmes. La situation de la broderie, l'industrie la plus
importante de la Suisse occidentale, avait, depuis
l'année 1891, laissé beaucoup à désirer. Craignant le
retour des misères déjà endurées, l'Union des brodeurs
de Straubenzell discuta, à l'occasion de son assemblée
générale, en avril 1893, le projet d'une assurance contre
le chômage pour les communes de Straubenzell, Tablatt et Saint-Gall ; elle nomma une commission de
trois membres qui présenta, deux mois après, les statuts.

Dans l'intervalle, l'Union ouvrière de Saint-Gall
s'était occupée du même plan. Un projet de statuts, éla-
boré par une commission spéciale, fut soumis, le 10 septembre 1893, à une assemblée générale d'ouvriers,
qui l'accepta avec quelques modifications. Il établissait,
notamment, l'affiliation obligatoire pour tous les salariés dont le revenu annuel ne dépassait pas 2,000 fr.
Ce caractère obligatoire ne pouvait être donné à l'institution que par une loi. Aussi les ouvriers s'adressè-

rent-ils à la fraction démocratique du Grand Conseil. Celle-ci déposa, dans la séance du 21 novembre 1893, une motion chargeant le Conseil de gouvernement d'examiner la question, et de présenter un rapport ; puis, cédant aux vœux de la population ouvrière et des autorités municipales, le Grand Conseil, avec un empressement peut-être trop hâtif et qui explique les nombreuses lacunes de l'organisation, vota, le 19 mai 1894, la loi si impatiemment attendue.

M. Stolz, à qui nous devons les détails historiques qui précèdent (1), s'écrie avec enthousiasme : « Le 19 mai de cette année peut être compté comme un jour heureux pour le développement économique et social du canton de St-Gall. »

Que décide cette loi ? Elle n'institue pas des caisses d'assurance sur le territoire du canton, elle autorise seulement les communes à créer des caisses municipales, soit isolément, soit par union entre elles. Nous n'avons donc pas, su. ce point, un système différent de celui de Berne : il ne s'agit pas de fonder une caisse cantonale, type que nous retrouverons dans le projet de Bâle.

Pourtant la loi, tout en laissant aux règlements communaux la faculté d'établir des prescriptions de détail, appropriées à la situation particulière de l'industrie des divers pays, leur impose des principes généraux qu'ils devront nécessairement appliquer. L'étendue de l'assurance, l'établissement et l'approbation des statuts, la composition de la commission administrative, le taux maximum des cotisations, le taux et la durée des indem-

---

(1) Die Versicherung gegen Arbeitslosigkeit in Kanton St-Gallen (Schweizerische Blätter, 1894).

nités, les conditions du droit au secours, les recettes de la caisse, tous ces points sont fixés par la loi (1). Nous nous bornons à les énumérer : comme le règlement de Saint-Gall les reproduit presque en entier, nous serions entraîné, en faisant plus loin son analyse, à des répétitions oiseuses.

Il nous suffit de faire remarquer que la participation à l'assurance doit être obligatoire pour tous les salariés du sexe masculin, dont le salaire moyen n'excède pas cinq francs par jour, et que le budget de la caisse doit être alimenté en partie par des crédits que fourniront les communes, chargées, en outre, des frais d'administration.

Ce sont ces deux dispositions essentielles qui causèrent l'échec d'un projet de caisse intercommunale, dont la ville de Saint-Gall avait pris l'initiative, et qui devait comprendre Saint-Gall, Tablatt et Straubenzell, c'est-à-dire la ville et les communes suburbaines. Un projet avait été rédigé ; le Conseil de gouvernement avait même dressé un budget approximatif, en prenant pour bases un chiffre de 5,000 assurés, payant, à raison de 0 fr. 20 par semaine, 53,000 fr. de cotisations, et un chiffre de 500 indemnisés, recevant 2 fr. par jour, soit au plus 61,200 fr. de secours. Le déficit à la charge des communes et de l'Etat n'eût été ainsi que de 8,160 fr.

Ces prévisions étaient trop optimistes ; elles semblaient montrer en tout cas que le budget communal ne serait pas lourdement grevé, et que la question se

---

(1) V. la traduction de cette loi dans un article de M. Jay (*Revue politique et parlementaire*, août 1894), et dans les *Documents sur la question du chômage*, p. 29).

résumait, en quelque sorte, à un simple virement des fonds précédemment consacrés aux chômeurs. La commune de Tablatt ne se laissa pas tenter ; l'institution, d'après ses calculs, occasionnerait une dépense supplémentaire de 3,000 francs pour la caisse de police. Cette aggravation des charges lui parut exagérée. D'ailleurs, la population, en grande partie formée d'agriculteurs, n'avait qu'un enthousiasme très modéré pour une assurance obligatoire, dont elle profiterait rarement. L'assemblée des citoyens, pour ces raisons, repoussa à une grande majorité la proposition qui lui était soumise.

La commune de Saint-Gall ne fut pas découragée par cette opposition. Elle reprit, avec quelques modifications rendues nécessaires, le projet primitif; le 23 juin 1895, les électeurs communaux adoptèrent les statuts d'une caisse d'assurance obligatoire contre le chômage, à dater du 1er juillet 1895, et pour toute la durée du mandat du Conseil municipal (juin 1897), à moins qu'à l'automne de 1896, l'assemblée des citoyens ne décidât la continuation de l'assurance.

II. — Organisation

1º *Etendue de l'assurance.* — « Sont obligés à l'assurance, dit l'article 5 des statuts, tous les salariés domiciliés dans la commune de Saint-Gall, dont le gain journalier moyen ne dépasse pas 5 francs. » Nous trouvons dans cette disposition les deux caractères particuliers, distinctifs de l'institution Saint-Galloise : a) Il y a *obligation stricte* à l'assurance, sous diverses sanctions ; b) Cette *obligation est générale*, elle s'étend à toutes les professions, à tous les métiers, quel que soit leur coefficient de chômage.

Cette règle comporte cependant quelques exceptions :
1° Les apprentis et les ouvriers mineurs ne gagnant pas 2 francs par jour sont exclus de l'assurance. 2° Les femmes, non plus, ne sont pas admises. Elles avaient pourtant témoigné un vif désir d'être assimilées aux hommes à cet égard (1). Il s'était produit un mouvement remarquable parmi les ouvrières de Saint-Gall et des environs, dans le but d'obtenir l'admission des personnes de sexe féminin dans l'assurance. Le projet était seulement destiné aux ouvriers mâles. Beaucoup d'ouvrières prétendirent qu'elles auraient autant à souffrir que les hommes dans les crises toujours menaçantes de la broderie, et que, par suite, il était injuste de ne pas les faire participer aux bienfaits de l'assurance. Une assemblée d'ouvrières, réunie le 15 juillet 1894, se prononça pour l'obligation. Il fut généralement reconnu, qu'une assurance facultative n'aurait d'autre résultat que d'augmenter les charges de la caisse, attendu que seules s'assureraient celles qui présument être souvent en chômage; une résolution conforme à ces vues fut votée à l'unanimité.

Malgré cette insistance, la loi de principe du 19 mai 1894 s'était arrêtée à une solution intermédiaire. « Les statuts d'une caisse obligatoire, dit-elle, décideront, selon les besoins, si les femmes peuvent ou même doivent obligatoirement en faire partie. » La commune de Saint-Gall se refusa à profiter de la faculté qui lui était laissée par la loi.

Pourquoi cette attitude? On a pensé, sans doute, que le chef de famille étant obligé de s'assurer, l'indemnité

---

(1) V. *Schweizerische Blätter*, 1894. II Band, p. 140.

servirait à sa femme et à ses enfants mineurs, et que la famille tout entière serait ainsi suffisamment protégée. Il était inutile d'aller plus loin dans la voie de l'obligation : les membres de la famille, quoique non assurés, participent au moins indirectement à l'assurance.

3° Toutefois, l'ouvrier lui-même peut être dispensé de l'obligation d'adhérer à la Société Il lui suffit de prouver qu'il appartient à une société libre d'assurance, qui lui garantit, en cas de chômage, un secours égal à celui qui est fourni par la caisse obligatoire (1).

4° Telles sont les seules exceptions qu'on ait cru devoir apporter au principe de l'obligation. Les ouvriers étrangers ne sauraient donc, pour y échapper, exciper de leur nationalité. Il y eut, à ce sujet, de vives discussions au Grand Conseil. A Saint-Gall, les étrangers sont très nombreux ; un orateur fit remarquer que les ouvriers italiens, s'ils étaient membres de la caisse, ne feraient plus mine, en hiver, de retourner dans leur radieuse patrie, et d'y attendre le retour de la belle saison, mais tireraient de leurs droits tout le profit possible, et, le reste du temps, seraient, pour les ouvriers du pays, des concurrents plus redoutables encore que par le passé.

Ces paroles étaient sages, et M. Zuppinger s'en est fait l'écho dans son étude : « L'assurance contre le chômage, dit-il, ne doit pas porter officiellement le nom d'institution d'assistance ; elle ne peut cependant exister sans une part d'assistance publique. Or, celle-ci est fondée, à Saint-Gall, sur le principe du domicile. S'il s'agissait seulement de tenir compte de quelques individus, je me placerais sans hésitation au point de vue

---

(1) Cette exception a été établie à la demande des imprimeurs, membres de la Société « Typographia ».

le plus doux, mais s'il en va autrement, alors c'est un devoir d'admettre, à côté des sentiments d'humanité, un droit de conservation, et de se demander, si nous n'avons pas à montrer une certaine réserve pour nous garantir de l'invasion du Nord, de l'Ouest, et surtout du Sud. »

Cette prudence ne paraîtra pas exagérée, si l'on songe qu'en 1887-1888, 15. 9 % des chômeurs étaient étrangers, et que la proportion a passé à 16. 9 % en 1890-1891, 20 8 % en 1891-1892; 30 % en 1892-1893 et 25 % en 1893-1894.

Mais les observations statistiques ne préoccuppaient pas le moins du monde les auteurs du projet. Ils se bornèrent à exiger des étrangers, avant l'obtention du droit au secours, une affiliation de douze mois, alors que les citoyens suisses étaient autorisés, après six mois, à toucher des indemnités.

2º *Ressources de la caisse.* — *a)* La première catégorie de recettes provient des *cotisations* hebdomadaires des assurés. Ces cotisations, contrairement aux systèmes précédents, ne sont pas uniformes : le taux varie suivant l'importance des salaires. Il est permis de s'étonner d'une pareille disposition. On a voulu certainement imposer aux ouvriers des charges différentes, en rapport avec l'intensité plus ou moins grande du risque de chômage, dans les diverses professions groupées par l'assurance. L'intention était bonne, mais le moyen choisi pour la réaliser était détestable : « Je ne crois pas être dans l'erreur, dit M. Zuppinger, en pensant que dans les assurances les plus importantes, il est établi, en principe, que celui-là paye les primes les plus élevées, qui court le plus grand risque, et inversement. Or, le risque de chômage est pour les ouvriers médiocrement rémunérés, aussi considérable que pour les ouvriers largement payés, et il n'existe d'autre justifi-cation au fait de prendre une plus forte prime à ceux qui sont mieux placés, que l'utilité matérielle ; ce n'est pas là un motif auquel je puisse accorder quelque valeur. » Quoi qu'il en soit, le tarif était ainsi fixé :

Pour un salaire moyen, inférieur ou égal à 3 fr.......... Cotisation 0 15
  »   »   »   »   4 fr.......... Cotisation 0 20
  »   »   »   »   5 fr.......... Cotisation 0 30

La prime annuelle variait donc entre 7 fr. 80 (classe inférieure) et 15 fr. 60 (classe supérieure).

Tandis qu'on frappait les ouvriers d'aussi lourdes contributions, on ne songea pas à demander aux patrons de s'intéresser à l'œuvre naissante ; à plus forte raison, les simples particuliers ne furent pas sollicités. La loi de 1894 avait compté pourtant, pour couvrir les dépenses, sur les contributions volontaires, les dons et les legs ; aucune prévision de cette nature ne se rencontre dans les statuts. Il eût été logique, croyons-nous, d'astreindre les patrons, au même titre que les ouvriers, à s'affilier à l'assurance ; de leur imposer, par exemple, une coti-sation basée sur le nombre d'assurés qui travaillent sous leurs ordres ; on ne fait même pas appel à leur générosité.

b). C'est donc à la commune et au canton qu'incombe la charge de mettre le budget en équilibre. La commune supporte les frais d'administration et fournit, en outre, une subvention fixée à 2 fr. par assuré ; le canton établit sa quote-part suivant les besoins, ou plutôt suivant ses propres ressources. S'il se produit un déficit, la com-mune et l'Etat en comblent chacun la moitié.

3o *Dépenses de la caisse.* — Les conditions du *droit à l'indemnité* sont à peu près les mêmes qu'à Berne : les assurés doivent avoir payé régulièrement leurs cotisations pendant 6 mois (12 mois, s'ils sont étrangers) ; ils sont soumis, après leur déclaration de chômage, à un contrôle quotidien ; ils n'ont rien à réclamer pour les cinq premiers jours ; leur chômage doit être professionnel et involontaire. Toutefois, à la différence des caisses de Berne et de Cologne, l'indemnité est donnée à toute époque de l'année ; de plus, le travail de compensation procuré par le bureau de placement adjoint à la caisse, et que l'assuré ne peut refuser sans perdre ses droits, est ici déterminé d'une façon plus étroite ; ce sera un travail proportionné à la profession et aux forces des assurés, payé au prix habituel du lieu et de la saison.

Le *taux* de l'indemnité ne dépend pas, du moins à l'origine, de la situation de famille de l'assuré ; il correspond au tarif des cotisations, et s'élève à $1^f 80$, $2^f 10$, $2^f 40$, suivant les distinctions que nous avons fait connaître. Remarquons d'ailleurs, qu'en temps de crise, lorsque les demandes de secours seront nombreuses, la commission pourra d'abord réduire les secours donnés aux célibataires, dans les limites fixées par la loi (soit 1 fr. par jour, au minimum) ; si cela ne suffit pas et que, malgré la pleine assistance de la commune et de l'Etat, les ressources viennent à manquer, la commission peut encore réduire le taux des secours versés aux ouvriers qui appartiennent aux classes supérieures des salaires, ou même, en cas d'extrême nécessité, abaisser le taux de tous les secours.

La *durée* de l'indemnité est au plus de 60 jours de travail par an.

4º *Administration*. — La caisse est administrée par une commission de neuf membres, dont deux sont choisis par le Conseil municipal, et sept par les ouvriers assurés. L'élément patronal n'est donc pas représenté, et cela s'explique facilement, puisque les patrons sont complètement en dehors de la caisse. La commission dirige l'institution en se conformant aux statuts ; elle est placée sous la surveillance du Conseil municipal et du Conseil de gouvernement du canton. Le contrôle de l'administration est confié à une commission de trois membres, choisis dans la commission des comptes de la commune de Saint-Gall.

III. — RÉSULTATS (1).

La caisse de Saint-Gall n'a pas eu une longue existence : elle a vécu deux ans seulement, du 1er juillet 1895 au 30 juin 1897. Le 8 novembre 1896, l'assemblée des citoyens prononçait sa suppression. Peut-être conviendrait-il d'étudier à sa date cet évènement capital ; pourtant, afin de ne pas interrompre nos explications, nous exposerons en entier les résultats des deux exercices, avant de parler de la liquidation de la caisse et des causes qui l'ont produite.

1.—Etablir la *statistique des assurés*, c'est-à-dire indiquer le nombre des ouvriers inscrits, et les classer au

---

(1) V. à ce sujet les deux comptes rendus officiels : *Arbeitslosenversicherungskasse der Stadt St-Gallen*: I Jahresbericht et II Jaresbericht, extraits des rapports du Conseil communal sur son administration, et un article de M. lay (*Revue politique et parlementaire*, mai 1896), reproduit dans le *Bulletin de l'Office du Travail*, et qui ne donne d'ailleurs que les résultats des neuf premiers mois (au 31 mars 1896).

point de vue de la profession, de la nationalité et des salaires, voilà ce que nous devons faire tout d'abord.

Ce n'est pas sans de grandes difficultés que l'administration put obtenir l'adhésion des ouvriers. La loi de 1894 lui avait fourni une sanction, consistant dans une amende de 3 à 25 francs, infligée par le Conseil municipal aux réfractaires, et dans un emprisonnement de 1 à 5 jours, à défaut du payement de l'amende. Mais elle ne voulut appliquer ces mesures rigoureuses qu'à la dernière extrémité. Avant d'y recourir, elle employa deux moyens : la publicité par la voie de la presse, puis les invitations personnelles adressées à ceux que les journaux n'avaient pas persuadés. Enfin, il fallut se résoudre à frapper 155 individus, qui étaient restés sourds à toutes les sommations.

. Au 30 juin 1896, le chiffre des inscriptions s'élevait à 4,220 ; mais 1,185 ouvriers avaient été rayés dans le cours de l'année, par suite de départs, de décès et de beaucoup d'autres causes, de telle sorte que la caisse comptait 3,035 membres astreints au payement des primes.

Ce nombre fut-il dépassé l'année suivante ? Le rap-port de 1897 est muet à cet égard ; il nous dit seulement que, pendant toute la durée de la caisse, 4,965 inscriptions ont été faites, et que le chiffre des personnes constamment assurées a varié, suivant la saison, entre 2,800 et 3,000. Il semble donc qu'il y ait eu plutôt une légère diminution.

Le classement des assurés n'a été dressé également que dans le premier rapport ; il ne dut pas, d'ailleurs, subir, dans la suite, de modification notable, le nombre des assurés étant à peu près le même et peut ainsi s'appliquer, sans grand risque, au deuxième exercice.

La liste des professions ne comprend pas moins de
103 noms. Naturellement, elles fournissent à la caisse
un nombre de membres très variable. Quarante
d'entr'elles sont représentées par moins de dix individus, et certaines n'ont qu'un seul titulaire : nous trouvons, par exemple, un sacristain, un masseur, un maître
de natation, un blanchisseur. Parmi les plus importantes,
nous citerons les journaliers (378), les commis (325), les
menuisiers (216), les maçons (210), les valets de ferme
et les vachers (197), les dessinateurs (177), les bouchers (142), les tailleurs (141), les serruriers (126), les
cordonniers (114), les relieurs (108), les peintres en
bâtiment (107), etc. Ce sont là des métiers que l'on
retrouve dans toutes les villes. Saint-Gall a deux industries spéciales : l'apprêtage et la broderie, occupant
respectivement 77 et 98 ouvriers.

Les assurés, nous l'avons vu, sont divisés en trois
classes, suivant qu'ils gagnent 3 francs ou moins de
3 francs, de 3 à 4 francs, ou de 4 à 5 francs par jour. Sur
les 4,220 membres de l'exercice 1895-96, le seul que
l'on nous fasse connaître complètement, 2,895 ou 68 %,
sont inscrits dans la classe inférieure ; 1,179 ou 27 %,
dans la classe intermédiaire ; et 146 seulement ou
3 1/2 %, dans la classe supérieure. Ces chiffres donnent une idée de la modicité des salaires.

Quant à la nationalité, nous constatons, non sans
surprise, qu'en 1895-96, 1,605 membres étaient étrangers et formaient ainsi plus du tiers du chiffre total des
inscrits.

2. — Le contingent des assurés étant déterminé, il
nous faut examiner le contingent des *chômeurs* et des
indemnisés.

Remarquons que les charges de la caisse, pour la première année, étaient très réduites. Les statuts exigeaient, en effet, que tout membre eût versé ses cotisations pendant six mois au moins, pour avoir le droit de recevoir une indemnité de chômage. La caisse ayant commencé à fonctionner le 1er juillet 1895, c'est donc seulement à partir du 1er janvier 1896, qu'elle a payé des indemnités ; de plus, les étrangers, qui n'étaient pas en quantité négligeable, comme on a pu en juger, n'avaient, cette année-là, aucun profit à retirer de l'assurance, puisque leur affiliation ne produit d'effet qu'après une période de douze mois ; toutefois, n'étaient compris dans cette catégorie, que les résidents étrangers, c'est-à-dire non domiciliés.

Malgré ces restrictions, causées par l'application des statuts, le nombre des *déclarations de chômage* s'est élevé, en 1895-96, à 430, soit 10 o/o du chiffre des inscrits ou 14 o/o de l'ensemble des membres actifs. L'hiver a naturellement fait plus de victimes que les autres saisons ; dans les mois de janvier, février et mars, il y eut 388 chômeurs.

Cette constatation nous permet déjà de prévoir à quelles *professions* appartenaient les sans-travail ; la statistique établie dans le rapport confirme complètement ces prévisions. Elle nous apprend d'abord, que la liste des professions atteintes par le fléau, est bien plus courte que la liste des professions représentées à la caisse : celle-ci comprenait 103 noms, celle-là n'en a plus que 37 ; puis, qu'il n'y a aucune corrélation entre l'effectif des individus inscrits aux diverses professions, et l'effectif des chômeurs que ces professions fournissent.

Ainsi, 14 commis seulement, sur 325, se déclarent en chômage : c'est le 4 o/o du chiffre total de cette catégorie. Nous trouvons à peu près la même proportion

chez les brodeurs (4 sur 98 = 4 °/o), chez les tailleurs
(5 °/o), chez les boulangers (5 °/o), chez les relieurs (5 °/o)
chez les cordonniers (6 °/o), chez les menuisiers
(3 1/2 °/o), chez les bouchers (2 °/o).

Si, au contraire nous passons aux terrassiers, journaliers et manœuvres, que l'on a réunis en un seul
groupe, la proportion des chômeurs est de 44 °/o (205
sur 475) ; les ouvriers du bâtiment, ou du moins ceux qui
travaillent surtout en plein air, et souffrent, par suite,
davantage de la mauvaise saison, sont en grand nombre
privés d'occupation : les couvreurs ont 34 °/o des leurs
en chômage, les maçons 23 °/o, les charpentiers 15 °/o,
les plâtriers 18°/o, les peintres 16 °/o.

Pour être plus précis, nous dirons que les journaliers,
manœuvres et terrassiers fournissent, à eux seuls, près de
la moitié des chômeurs (exactement 48 °/o) ; que les
ouvriers du bâtiment que nous avons énumérés en
fournissent près du quart (23 °/o). Le surplus, soit
27 °/o, se répartit sur 29 professions ; quelques-unes
offrent, il est vrai, un chiffre de chômeurs encore notable, bien que très inférieur à ceux qui précèdent :
18 garçons de bureau et emballeurs sur 190, 13 apprêteurs sur 77, 5 jardiniers sur 49, sont portés sur la liste
des sans-travail. Il n'en reste pas moins que la caisse a
profité presque exclusivement aux ouvriers de saison,
qualifiés ou inqualifiés, et que la grande majorité des
assurés, composée des ouvriers de métiers, n'a retiré
qu'un avantage bien médiocre, sinon nul, de l'institution qu'on leur avait imposée.

Peut-être pourrait-on objecter qu'un tel résultat est
accidentel, et qu'il serait susceptible de se modifier
dans une période différente ; mais le rapport de 1897
ne laisse subsister aucun doute. Nous y voyons que,

dans l'exercice 1896-1897, pendant tout le cours duquel fonctionnait le droit d'indemnité, 512 hommes se sont déclarés en chômage, soit, à supposer que le chiffre des membres fût égal à celui de l'année précédente, 12 % des inscrits, et 17 % des membres actifs.

Le nombre des chômeurs a donc augmenté, et il était facile de le prévoir, puisqu'ils pouvaient s'inscrire non plus pendant 6 mois, mais pendant 12 mois.

Ce qui importe, c'est de savoir d'où provient cette augmentation. Notons d'abord que douze métiers, restés indemnes en 1895-1896, n'échappent plus aussi complètement au fléau, et fournissent chacun un ou deux chômeurs; en second lieu, que certaines professions ressentent beaucoup plus qu'à l'origine les atteintes du chômage : la liste comprend, par exemple, 27 tailleurs au lieu de 7, 14 tailleurs de pierre au lieu de 4, 13 menuisiers au lieu de 8, 12 cordonniers au lieu de 7, 10 relieurs au lieu de 4, 58 maçons au lieu de 47, 33 peintres au lieu de 17. Il ne s'est guère produit qu'une diminution un peu importante et, chose curieuse, elle est relative à la profession la plus menacée : celle des journaliers et manœuvres; 189 seulement sont inoccupés.

Mais, en réalité, à part quelques exceptions, le résultat est le même que pour le premier exercice. Les ouvriers inqualifiés forment encore la plus grande partie des sans-travail (37 %), et les ouvriers qualifiés privés d'occupation se recrutent principalement dans le groupe du bâtiment : maçons, peintres, couvreurs, charpentiers, plâtriers, etc (25 %). De nombreuses professions, réunissant un chiffre considérable d'individus, n'ont que rarement l'occasion de faire appel à la caisse et de trouver, au moyen d'une indemnité, la contre-partie des primes qu'elles y versent.

Il n'y a donc qu'un léger contraste entre les deux exercices, en ce qui concerne le nombre et la répartition des sans-travail; mais il n'en va plus de même pour ce qui a trait à la proportion *d'indemnisés* et, par suite, au total des indemnités.

Nous savons qu'à la caisse est adjoint un bureau de placement gratuit, et que l'indemnité n'est accordée qu'autant que ce bureau n'a pas réussi à procurer du travail aux ouvriers; on comptait ainsi restreindre les dépenses de la caisse. Que s'est-il passé ?

En 1895-1896, sur les 430 chômeurs, 67 seulement sont privés de secours; soit parce qu'ils n'ont pas payé leurs cotisations pendant la période exigée par les statuts, soit, et c'est la majorité, parce qu'ils trouvent promptement de l'ouvrage.

Sans doute, les ouvriers ne sont pas les seuls auteurs de cet état de choses : « La demande de travailleurs, dit le rapport, n'a pas été forte. » Mais les ouvriers n'ont rien fait pour l'améliorer, bien au contraire. « Il est très rare que des chômeurs aient offert spontanément de s'employer; il fallut leur faire une invitation formelle. A la demande d'ouvriers qualifiés (serruriers, ferblantiers, etc.) il ne put être satisfait, le plus souvent, car les chômeurs, qui se faisaient inscrire comme tels, n'étaient que de simples manœuvres.... Très peu acceptèrent des demandes venant d'une autre ville; la classe ouvrière soutient énergiquement qu'elle est en droit de les refuser... La tendance à profiter de l'indemnité pendant le maximum de 60 jours s'est trop visiblement manifestée, et les sans-travail ne cherchèrent pas à trouver un emploi, tant que les indemnités de la caisse les mettaient à l'abri du besoin».

Cette attitude déplorable des assurés explique à la

fois le grand nombre et l'importance des indemnités accordées: il a été payé 23.504.15 ; 77 ont touché les secours durant 60 jours ; le secours le plus fort s'est élevé à 126 francs, le plus faible à 9 fr.; en moyenne, il a été de 54 fr. 66.

L'année suivante, la situation empire encore. Il se trouve que, sur 512 chômeurs, 14, moins de 3 °/o, ne touchent pas d'indemnité. « Le placement, dit le rapport à ce sujet, ne dépasse pas les limites les plus modestes ; les patrons demandent surtout des ouvriers qualifiés ; or, le bureau n'en a pas à sa disposition. Quant aux demandes de journaliers, manœuvres, etc., patrons et ouvriers ne peuvent se mettre d'accord sur le salaire et le genre d'occupation. L'effort domine, chez beaucoup de membres, de se refuser à tout travail, tant qu'ils n'ont pas obtenu le maximum de l'indemnité ». Il n'est donc pas étonnant que la moyenne de l'indemnité se soit élevée, au cours de l'exercice, à 75 francs, et que le total ait atteint la somme de 38,387 francs.

3.—Nous avons vu, en étudiant les caisses facultatives d'assurance, que les recettes étaient constituées, en grande partie, soit par l'assistance de la commune, soit par l'assistance des patrons et des particuliers, et nous avons expliqué le fait en disant que quelques professions seulement étaient inscrites, et précisément celles que le chômage menace plus directement. Le caractère obligatoire et général de la caisse de Saint-Gall a eu pour effet de changer cet ordre ; la ressource principale n'est plus la subvention communale, mais elle consiste dans les cotisations payées par les assurés. On ne saurait faire, par suite, à l'institution saint-galloise, le reproche de tenir de l'assistance plus que de l'assurance. Il suffit, pour s'en convaincre, de consulter les comptes établis à la fin de chaque exercice.

Pour 1895-1896, les recettes se décomposent ainsi : primes, 21,674,30 ; subvention de la commune, 4,000 : total, 25,674,30. Quant aux dépenses, elles se réfèrent uniquement au payement d'indemnités, et s'élevent à 23,504, ·5.

Il semblerait résulter de ces chiffres que les cotisations ont fourni 83 % de l'ensemble des recettes et 92 % du montant des dépenses. Mais, en définitive, ils ne sont pas exacts ; la commune devait donner 6,000 fr., le canton 3,000 fr. ; il faut donc ajouter aux recettes une somme de 5,000 fr ; d'autre part, il convient de mettre au chapitre des dépenses les frais d'administration supportés par la ville, soit 5,618 fr. 85. La part des assurés, en la calculant sur les chiffres rectifiés, est néanmoins de beaucoup la plus importante, puisqu'elle fournit encore les trois quarts des dépenses et 70 % des recettes.

Mais les difficultés que nous avons signalées, à propos de l'inscription des assurés, n'ont fait que s'accroître, lorsqu'il s'est agi, non plus de se faire inscrire, mais de payer régulièrement et chaque semaine une cotisation.

Le rapport de 1896 parle très brièvement des embarras causés par l'encaissement des primes. « Les avertissements envoyés, dit-il, se comptent par milliers; les poursuites judiciaires n'aboutissent qu'en partie; il y a toujours et partout des gens sur lesquels on ne peut même recouvrer les frais engagés » ; et, plus loin : « Le payement des cotisations a été très défectueux chez certaines catégories de travailleurs ». L'administration avait de bonnes raisons pour ne pas s'étendre sur ce sujet ; il se serait dégagé de la publication des chiffres une impression trop défavorable.

Il résulte, en effet, des renseignements particuliers qu'a pu obtenir M. Jay, qu'au mois de décembre, il fallut envoyer des avertissements à 1110 retardataires, et qu'au commencement d'avril, on comptait approximativement 1300 débiteurs d'une somme totale s'élevant à peu près à 4,000 fr. L'auteur signale comme encourageant surtout la négligence, le fait que l'ouvrier sans travail qui n'est point en règle, est cependant admis à réclamer les secours de chômage, à condition de payer, en même temps et d'un seul coup, les cotisations arriérées.

Nous lisons, d'autre part, dans une circulaire du Musée Social : (1) « A la fin de l'exercice, à en croire certains témoignages, près de la moitié des membres figuraient parmi les retardataires ; c'étaient justement ceux qui, pendant l'hiver, ont fait le plus souvent appel aux indemnités de chômage ». Ces assertions sont encore confirmées par M. Adler (2). « Il n'y eut pas moins, dit-il, de 1991 membres en retard, dans la première année. Le directeur de la caisse déclarait à mon correspondant qu'à vrai dire, si l'on s'était conformé à la loi, 20 chômeurs à peine auraient eu droit à l'indemnité. Mais la commission se plaça hardiment au-dessus de la loi, en autorisant les retardataires à payer en une fois les sommes qu'ils restaient devoir ».

Nous ne pouvions omettre de mentionner ces faits : ils donnent un argument sérieux aux adversaires de

---

(1) Musée social, série B, circulaire n° 2.
(2) Abdruck aus dem Handwörterbuch der Staatswissenchaften II Supplementband — Arbeitslosigkeit.

l'assurance obligatoire, telle qu'elle est organisée à St-Gall, car ils montrent que l'obligation n'a pas une sanction suffisante et efficace.

Si nous passons aux comptes du deuxième exercice, cette conclusion paraît encore plus fondée. Les primes, au lieu d'atteindre la somme de 24,000 francs, prévue par le budget, ne donnent que 17,584 francs; en y ajoutant 14,000 fr. de subventions, et 1,697 fr. d'intérêts et de revenus divers, on arrive à un total de 33,281 francs ; déduction faite des subventions arriérées (5,000), les cotisations forment 62 % des recettes générales.

Pour les dépenses, elles s'élèvent, en indemnités seulement, à 38,831 fr.; les primes en couvrent moins de la moitié (45 %): encore ne comprenons-nous pas dans le calcul les frais de bureau (4,516 fr.); la proportion serait alors abaissée à 40 %.

Elle eût été bien plus forte si les assurés avaient rempli complètement leurs obligations : le rapport nous apprend, en effet, qu'à la clôture des comptes, 1396 membres étaient débiteurs de 5,700 francs. C'est presque exactement le montant du déficit qui se produisit à la fin de l'exercice (5,550). Voici en quels termes le rapport de 1897 constate l'attitude des assurés. « L'encaissement des primes a été plus pénible que l'année précédente, malgré l'abondance des avertissements et des sommations. Après la décision du 8 novembre 1896, les difficultés augmentèrent encore. Bien que le Conseil municipal eût fait remarquer énergiquement que, le droit d'indemnité subsistant jusqu'au 30 juin 1897, le payement des cotisations ne pouvait cesser qu'à cette époque, un grand nombre de membres se tinrent à l'écart. Les plus mauvais payeurs, sauf quelques exceptions, furent les ouvriers les plus secourus. Beaucoup furent obligés, pour obtenir l'indemnité, de solder des arriérés de 4, 5, 6 mois et même plus ».

Nous avons envisagé les résultats de l'institution saint-galloise à tous les points de vue: statistique des assurés, dépenses et recettes de la caisse. Cet exposé, croyons-nous, n'aura pas été inutile : il nous permettra de comprendre les raisons, qui ont poussé les électeurs de Saint-Gall à supprimer une institution, dont ils avaient salué les débuts avec un enthousiasme unanime.

IV. — Suppression de la caisse et ses causes.

C'est le 8 novembre 1896 que l'assemblée générale des électeurs municipaux fut appelée à prendre une décision au sujet de la caisse, à en prononcer le maintien ou la suppression.

La municipalité, intéressée à défendre son œuvre, ne songea pas pourtant à demander aux électeurs de continuer l'expérience sur les mêmes errements que par le passé : elle proposa seulement, par l'organe de son président, de remettre à une date ultérieure une solution définitive, en conservant à la caisse une existence provisoire jusqu'au 30 juin 1897.

A l'appui de sa proposition elle apporta les conclusions du rapport de 1896, où se trouvaient indiqués les arguments susceptibles de frapper les électeurs.

La ville de Saint-Gall, disait en substance le rapport, le centre industriel le plus important du canton, a profité de la faculté que lui accordait la loi de 1894, et fondé une caisse d'assurance qui, avec des difficultés et des embarras incontestables, a, en somme, atteint son but principal. La commune, moyennant une charge de

11,000 francs, frais d'administration compris, s'est libérée du souci de créer des occupations pour les chômeurs, occupations souvent insuffisantes et, en tout cas, plus onéreuses que les subventions actuelles.

Sans doute, la première année de fonctionnement a donné lieu à bien des controverses : diverses classes de petits employés se sont élevées, parfois avec raison, parfois à tort, contre la nécessité de l'affiliation ; le payement des primes s'est effectué d'une façon fort défectueuse chez certaines catégories d'ouvriers ; il y a eu une tendance trop manifeste à profiter de l'indemnité entière, et à refuser le travail offert ; l'extension de l'assurance aux deux communes voisines pourrait produire un heureux résultat. Cependant, ces défauts étaient à prévoir ; ils peuvent être évités en grande partie, et ne sont pas de nature à faire abandonner, après la première épreuve, une institution bonne dans son principe. Comme l'épreuve n'a pas été complète, il convient d'attendre une année encore, et de faire une proposition en ce sens à l'Assemblée générale.

Telles furent les raisons invoquées par le représentant de la municipalité ; ce dernier fit, en terminant, appel à l'esprit de solidarité de la classe ouvrière qui, d'après lui, s'opposait à la suppression d'une œuvre bienfaisante pour les travailleurs les moins fortunés.

Ces arguments s'adressaient surtout aux ouvriers ; les simples particuliers et même les patrons ne pouvaient que se ranger à leur avis, et les laisser juges de la question. Pourquoi donc les ouvriers ont-ils pensé que leur intérêt était de repousser la motion du Conseil municipal ? Pourquoi ont-ils manifesté si énergiquement leur hostilité contre la caisse ? Il nous suffit, pour répondre, de reprendre les constatations que nous avons faites en étudiant le fonctionnement de l'assurance: nous y trouvons la justification complète du vote négatif de l'Assemblée.

Le mécontentement des ouvriers provenait de plusieurs causes, les unes tenant au principe même du système, les autres aux lacunes des statuts, et à la faiblesse de l'administration (1).

L'obligation à l'assurance, nous l'avons dit, était générale : tout ouvriergagnant moins de cinq francs par jour y était soumis de plein droit, quelle que fût sa profession. On violait ainsi les règles de la justice la plus élémentaire; on ne tenait pas compte de ce fait, pourtant bien apparent, que toutes les professions ne sont pas atteintes également par le chômage, que les unes le subissent régulièrement, alors que d'autres en sont presque indemnes.

Ces ouvriers qui courent des risques si variés, on les groupe dans la même caisse. Va-t-on, au moins, essayer de rétablir l'égalité entre eux, en graduant les cotisations suivant une échelle de risques plus ou moins approximative? Au contraire, on réserve le meilleur traitement aux ouvriers les plus menacés. N'est-ce pas, en effet, le résultat de la division des assurés en trois classes, payant des cotisations variables d'après l'importance du salaire ? Le chômage n'offre-t-il pas ce

---

(1) Le syndic, dans une lettre qu'il nous adressait le 7 février 1898, attribue l'insuccès de la caisse à son peu d'étendue. « Deux communes voisines, dit-il, très liées avec notre ville, ont refusé de participer à notre caisse ; leur adhésion aurait augmenté le nombre des tributaires. On f.t forcé, en raison du faible nombre des ouvriers de la ville, d'élever le taux des primes ». Il est certain que le mécontentement eût été moins vif, si les primes avaient été réduites, mais nous ne croyons pas qu'il eût disparu complètement.

caractère particulier, d'atteindre surtout les individus qui gagnent les salaires les plus médiocres ? Dès lors, pourquoi leur imposer une cotisation de o fr. 15, et demander le double aux ouvriers mieux payés, mais jouissant en général d'une situation sûre et durable ?

Les résultats du premier exercice mirent au jour l'injustice du procédé : sept ou huit professions, plus exactement deux groupes de professions : les manœuvres et les ouvriers du bâtiment, puisèrent presque seuls à la caisse que tous avaient alimentée. Que pouvaient penser les commis, les bouchers, les boulangers, les ouvriers de métiers et d'industrie, d'une institution dont ils supportaient les charges, sans obtenir, sans même avoir l'espoir d'obtenir une compensation ? Comment devaient-ils considérer leurs primes, sinon comme une aumône forcée, une assistance obligatoire au profit de quelques ouvriers ?

Voilà d'où est né le mécontentement de la grande majorité des assurés : étant donné le point de départ, il était impossible de l'éviter. On aurait dû, toutefois, chercher à le rendre moins vif ; or, il semble vraiment qu'on se soit proposé de l'augmenter encore.

C'est aux ouvriers, et aux ouvriers seulement, qu'on réclame aide et secours, comme si la solidarité ne s'imposait qu'entre les faibles, et non entre les riches et les deshérités. Les patrons, qui profitent au moins indirectement de l'assurance, puisqu'elle met à leur disposition, au moment où ils en ont besoin, des ouvriers nombreux entre lesquels ils peuvent faire un choix ; les patrons, qui profitent des multiples progrès de l'outillage moderne, ne contribuent pourtant en aucune façon au fonctionnement de la caisse. Ce que l'on prélevait sur le modique salaire de l'un, il fallait, en bonne justice, le prélever aussi sur les bénéfices souvent considérables de l'autre. On ne l'a pas fait, et cet oubli a dû paraître singulier aux ouvriers assurés par force contre un risque insignifiant.

Peut-être auraient-ils patienté plus longtemps, si les abus criants que nous avons signalés n'avaient poussé jusqu'à l'exaspération leurs sentiments d'animosité. M. Jay constate spirituellement que « l'organisation de la caisse a eu pour effet de séparer les ouvriers en deux classes, dont l'une paye les cotisations sans toucher les indemnités de chômage, tandis que l'autre touche les indemnités sans payer les cotisations ». C'est bien là en effet ce qui s'est produit.

Les ouvriers sérieux, ayant à Saint-Gall une situation bien établie, se soumirent d'assez bonne grâce à leurs obligations, quoiqu'ils n'eussent guère de profit à en retirer ; les ouvriers de passage, travaillant un jour ici, demain là, les étrangers non domiciliés, n'eurent pas la même honnèteté ; or ce sont eux précisément qui fournissent, en grande partie, le contingent de chômeurs et d'indemnisés. Si, par hasard, ils évitaient le chômage, ils ne payaient rien et se souciaient fort peu des poursui-tes ; s'ils perdaient leur ocupation, ils versaient à la caisse le montant de leurs cotisations arriérées, et touchaient en retour des indemnités importantes. Bref, ils ne se souvenaient de l'existence de la caisse que lorsqu'il s'agissait de lui demander des secours. Ils savaient bien, d'ailleurs, user de leur droit jusqu'au bout : à quoi bon travailler quand, moyennant un léger sacrifice, on obtient une rente pendant 60 jours ?

Faire la charité à des ouvriers imprévoyants ou pares-seux, voilà, en définitive, à quoi se résumait l'institution pour la plupart des assurés. L'absence de sanction et de contrôle est donc une nouvelle cause de mécontentement, à joindre à celles que nous connaissons déjà (1).

Aussi, nous étonnons-nous de la surprise générale que paraît avoir provoquée le vote de l'assemblée. M. Zuppinger voyait juste quand il écrivait à M. Cürti, au mois de mars 1896 : « J'ai la ferme conviction, que si la commune décide de maintenir l'institution en vigueur pour trois nouvelles années, il faudra recourir au principe de la liberté. A mon avis, l'hostilité contre la caisse d'assurance n'a pas diminué parmi les ouvriers. D'après l'attitude que ceux-ci ont adoptée vis à vis de l'administration, on a le droit de conclure que, lorsqu'il s'agira de voter sur le maintien de l'institution, ce seront les ouvriers eux-mêmes qui se prononceront à une forte, très forte majorité, pour la négative ». Les électeurs n'ont donc pas cédé à un mouvement irréfléchi ; c'est après avoir constaté les défauts de l'assurance, qu'ils se sont décidés à la supprimer.

Quelle conclusion faut-il tirer de l'expérience de Saint-Gall ? Les électeurs ont répondu pour nous, en prononçant la condamnation de l'assurance obligatoire étendue indistinctement à toutes les professions, sans égard pour leur risque de chômage. Cette condamnation nous paraît très juste, et elle atteint, par avance, toutes les solutions que l'on tenterait de fonder sur le principe de l'obligation générale. A quelque chose malheur est bon, dit un proverbe : il convient d'en faire l'application à la caisse saint-galloise ; son échec aura, du moins, appris à tous comment il ne faut pas organiser

---

(1) On aurait pu triompher de la mauvaise volonté des ouvriers, en chargeant le patron d'opérer le recouvrement des cotisations.

l'assurance contre le chômage. Pour être négatif, l'enseignement n'est pas à dédaigner.

La question de l'assurance ne semble pas, d'ailleurs, être définitivement écartée à Saint-Gall. Le rapport de 1897 se terminait ainsi : « L'assurance est morte, mais il n'est pas douteux qu'elle revive d'ici à peu de temps, et alors, les expériences faites pendant les années 1895, 1896 et 1897, pourront servir à l'établissement de nouvelles règles. Espérons que l'on trouvera un fondement, qui donne à l'institution une longue existence ».

Le rapport faisait allusion à la proposition présentée, quelques jours après l'assemblée du 8 novembre, par M. le conseiller d'Etat Cürti, au comité du parti démocratique et du parti ouvrier. Sur la demande de M. Cürti, une commission de sept membres fut nommée, le 17 novembre 1896, pour rechercher si l'assurance ne pouvait être établie sur une meilleure base, et solliciter le concours des communes de Tablatt et de Straubenzell.

« Sans doute, dit, à ce sujet, M. Schanz, il est possible d'apporter de nombreuses améliorations, et de diminuer les inconvénients. On peut et on doit changer le mode de perception, en obligeant le patron à retenir sur le salaire le montant de la cotisation : par là disparaîtraient les déclarations, les avis et les amendes qui rendaient l'administration si difficile. On doit prendre en considération la différence des risques, de manière à épargner les meilleurs ouvriers ; on doit mettre une partie des dépenses à la charge des patrons, diminuer les indemnités, créer des secours de route, transformer le placement, etc. Si le changement des statuts ne suffit pas, il faudra modifier la loi elle-même » (1). M. Schanz voudrait, en outre, qu'on renonçât au principe de l'obligation ; nous ne pensons pas que l'on aille jusque-là.

A supposer que la ville de Saint-Gall consente à faire un nouvel essai, elle adoptera plutôt le système de Bâle que celui de Berne. C'est qu'en effet, comme le remarque M. Adler, « les partisans de l'assurance obligatoire n'ont aucun motif de se convertir, car l'échec de la caisse ne prouve rien contre l'institution de l'assurance ; il démontre seulement, chez les autorités de Saint-Gall, l'absence de toutes dispositions pour la législation sociale » (2). La tentative du parti démocratique n'a pas encore abouti à un résultat positif ; le temps seul permettra de détruire les préventions nées dans la classe ouvrière à la suite de la première expérience.

SECTION II

Essais d'assurance par l'initiative privée.

§I. — LA CAISSE D'EPARGNE DE BOLOGNE ET L'ASSURANCE CONTRE LE CHOMAGE (3)

La caisse de Bologne a cherché à développer l'épargne dans les classes pauvres de la ville, en attachant aux petits versements des avantages considérables. Elle

---

(1) V. *Neue Beiträge*, p. 45.

(2) V. *Handwörterbuch der Staatswissenschaften.*—Arbeitslosigkeit.

(3) V. Off. Travail. *Documents sur la Question du Chômage*, p. 43. — *Norme relative ai libretti di previdenzia per la mancanza di lavoro* (Cassa di Risparmio in Bologna) — Schanz : *Neue Beiträge zur Frage der Arbeitslosen-Versicherung.* — M. Zucchini a bien voulu nous envoyer des renseignements complémentaires.

distribue, chaque année, une somme de 3o.ooo fr. en primes d'intérêts, dont le taux peut s'élever ainsi jusqu'à 10º/º; elle consacre les revenus de 4oo.ooo fr. à la formation d'un capital pour la vieillesse, favorise la construction de maisons salubres, entretient ses membres en cas de maladie (1). Récemment, elle a complété la série de ses œuvres de bienfaisance, par la création de l'assurage contre le chômage.

Le système, appliqué depuis le 1ᵉʳ juin 1896, diffère beaucoup de celui que nous avons observé à Cologne et à Berne. Il s'y rattache, toutefois, par deux caractères essentiels : en premier lieu, l'assurance qu'il établit est facultative ; en second lieu, le but poursuivi, ici comme là, est de protéger des conséquences du chômage involontaire et professionnel. Quant aux différences nombreuses qui séparent les systèmes, nous aurons l'occasion de les noter, en étudiant l'organisation dans ses détails.

« Notre caisse d'épargne, qui est une institution privée, nous écrit M. Zucchini, conseiller directeur de la caisse, s'est proposé d'offrir aux ouvriers de la ville auxquels la chose pouvait être utile, une nouvelle forme de secours, en leur donnant le moyen d'acquérir un titre à un subside, lorsqu'ils sont inoccupés contre leur volonté et sans qu'il y ait de leur faute ». Les articles 1 et 2 des statuts nous apprennent en quoi consiste ce mode de secours. En vue de faciliter aux ouvriers la possibilité d'éviter les dommages résultant du chômage involontaire et immérité, est instituée une série de livrets

---

(1) Dans l'Italie du Nord, les caisses d'épargne sont souvent en même temps des institutions de bienfaisance, et jouent notamment un grand rôle dans l'assurance contre les accidents.

de dépôt, dits « livrets de prévoyance pour le manque de travail », en faveur desquels la caisse abandonne, durant l'exercice du 1er juin 1897 au 31 mai 1898 (1), les revenus de 200.000 francs, placés en Consolidé italien. Les livrets de prévoyance se distinguent des livrets des autres séries par un numéro d'ordre spécial. Ils sont attachés à la personne des titulaires ; ceux-ci ne peuvent en avoir plus d'un et ont, au contraire, le droit de posséder plusieurs livrets des autres séries.

De ce simple exposé, ressortent deux différences très importantes avec les systèmes précédents : d'abord, l'œuvre est due à l'initiative privée ; ni l'Etat, ni la commune ne sont intervenus dans sa création ou dans son fonctionnement ; d'autre part, l'institution n'est pas isolée, indépendante : ce n'est qu'une branche accessoire de la caisse d'épargne.

I. — Quelle est l'*étendue de l'assurance* ainsi établie ? Deux méthodes ont été suivies jusqu'à présent. Pendant le premier exercice (1896-1897), les livrets étaient destinés exclusivement aux ouvriers du bâtiment et des industries annexes, c'est-à-dire aux professions qui fournissent le plus de chômeurs. Les ouvriers devaient exercer la profession de maçon, menuisier, forgeron terrassier, badigeonneur, marbrier, ferblantier, vitrier, ou peintre. « Depuis, nous dit M. Zucchini, notre institution ne se propose plus d'étendre ses bienfaits aux ouvriers appartenant à des métiers, pour lesquels le chômage temporaire, dans quelque saison de l'année, est certain et inévitable, et elle a pris mainte-

---

(1) Même disposition pour le premier exercice (1er juin 1896 au 31 mai 1897).

nant comme but uniquement le chômage accidentel »
On s'aperçut sans doute que les fonds seraient vite
épuisés si tous les inscrits, ou presque tous, en pre-
naient une partie, et on eut soin, pour l'exercice actuel,
d'écarter les professions menacées par le chômage
périodique. Désormais, l'inscription est réservée aux
personnes exerçant, en qualité de salariés, les métiers
d'armurier, de carrossier, corroyeur, forgeron, bou-
langer, sellier, imprimeur, marbrier, teinturier, laitier,
tourneur, vitrier, etc. Sur la liste, ne figurent pas ceux
que l'on appelle « ouvriers de saison ».

Dans ces catégories limitativement déterminées, on
fait encore un choix, en imposant des conditions d'admission très sévères. Les unes sont des conditions d'âge
et de domicile : l'ouvrier doit être né et domicilié dans
la commune de Bologne et avoir 14 ans accomplis. Les
autres ont pour but de distinguer les ouvriers les plus
méritants et les plus dignes d'être secourus; on les
reconnaît à deux signes : la possession d'un livret de
caisse d'épargne, depuis un an au moins, et le fait d'être
resté, également depuis un an, au service du même
patron. Enfin, l'inscription doit avoir lieu avant le
15 octobre 1897.

A ce point de vue encore, la différence est grande
avec les caisses de Cologne et de Berne : celles-ci, en
principe, sinon en fait, sont ouvertes à toutes les professions, et l'inscription n'est précédée d'aucune enquête
sur l'esprit de prévoyance ou la moralité de l'individu.

II. — Les faveurs accordées aux ouvriers ne vont pas
sans un certain effort de leur part : ils ont à fournir des
cotisations, sous forme de versements effectués en une
ou plusieurs fois, du 1ᵉʳ juin au 1ᵉʳ novembre, et fixés

à 5 fr. ou à 3 fr. suivant que les titulaires de livrets ont atteint, ou non, 21 ans.

III. — Ce n'est qu'à la date déterminée pour la fin des versements que naît le *droit au secours*. A partir du 1er novembre, les inscrits, qui ont rempli régulièrement leurs obligations, acquièrent un titre à un subside journalier, s'ils sont privés de travail indépendamment de leur volonté. Il n'est pas accordé de subside quand le chômage provient de la maladie ou d'un accident, et cette règle s'applique, non seulement pour toute la durée de la maladie et de la convalescence, mais encore dans la suite, pour le temps où une indemnité est payée par une société de secours mutuels ou par une caisse d'assurance contre les accidents. A l'inscrit incombe, d'ailleurs, la charge de justifier du bien fondé de sa demande, soit par un certificat de son patron, soit par l'attestation de deux membres, soit par tout autre moyen que la caisse appréciera. « Ce mode de contrôle, remarque M. Schanz, ne marque pas d'originalité, mais peut faire défaut : le patron, en Italie, n'est nullement obligé de donner un certificat, et il n'est pas toujours facile de trouver des témoins ».

Les conditions exigées pour le droit à l'indemnité ne sont pas particulières à la caisse de Bologne ; nous les avons trouvées dans les institutions précédentes, mais, dans celles-ci, elles étaient plus nombreuses : le droit n'existait que pendant l'hiver, et il cessait entièrement si on procurait une occupation quelconque aux chômeurs. Les statuts de Bologne étant muets sur ces deux points, nous en concluons que les subsides sont distribués à toute époque (après le 1er novembre), et que la caisse ne se préoccupe pas de trouver du travail pour ses membres. C'est là une grave lacune : toute assurance contre le chômage doit être considérée, nous semble-t-il, comme une annexe du bureau de placement, de telle sorte qu'elle ne donne de l'argent qu'à défaut de travail.

La *durée* totale du subside ne dépasse pas 40 jours ; il commence chaque fois après le troisième jour de chômage, et n'est payé que pour les jours non fériés.

Le *taux* varie, non plus suivant la situation de famille de l'assuré, mais suivant son âge : il est de o fr. 60 au-dessous de 21 ans, et de 1 fr. au-dessus de cet âge.

Il peut arriver que les recettes, c'est-à-dire les versements des inscrits et les revenus des 200.000 fr., ne suffisent pas à satisfaire toutes les demandes (1). Ceux qui n'obtiendront pas le secours entier auront droit, dans ce cas, à la restitution de leurs versements et des intérêts, sans que la somme ainsi produite, jointe aux secours déjà touchés, puisse être supérieure à 40 fr. ou 24 fr., suivant l'âge (c'est le maximum de l'indemnité). Les héritiers des inscrits décédés avant d'avoir reçu un secours, retireront les sommes versées par leur auteur.

Est-il besoin de faire remarquer, combien sont différentes les règles relatives au taux du secours, dans les expériences que nous avons étudiées ?

IV. — Il existe une plus grande différence dans les règles qui concernent l'*administration*. Les ouvriers n'y ont pas le moindre représentant. Toute l'administration est entre les mains du conseil de la caisse d'épargne. Il décide sans appel pour ce qui

---

(1) D'après M. Schanz, les revenus de 200,000 fr. donnent 8,000 fr. qui permettent de secourir 225 membres pendant 40 jours.

a trait à l'admissibilité des demandes d'inscription, à la concession et à la cessation des secours, et à l'interprétration des statuts. C'est lui également qui décidera s'il convient de continuer, ou non, l'expérience. Dans le second cas, les inscrits resteront créanciers de la caisse pour le montant de leurs versements ; dans le premier cas, il ne sera fait aucun remboursement : toutes les sommes disponibles seront reportées à l'exercice suivant.

V. — Il eût été curieux de connaître les résultats de cette tentative, et de les comparer à ceux que nous connaissons déjà. Malheureusement, nous n'avons pu obtenir sur le premier exercice, le seul qui soit terminé, que des renseignements assez vagues. M. Zucchini se borne à nous dire que l'expérience a profité à quelques dizaines d'ouvriers. M. Schanz affirme que 23 ouvriers seulement s'affilièrent, et il attribue cet échec, soit à la nouveauté de la chose, soit à la règle, inscrite dans les statuts, qui limite l'assurance aux individus nés à Bologne. Si l'on songe que l'on s'adressait alors aux ouvriers qui avaient le plus à craindre le chômage, il n'est peut-être pas permis de compter sur un grand empressement, de la part de ceux qui ne voient dans le chômage qu'un risque sans importance. L'avenir nous dira si notre hypothèse ne vient pas d'un excès de pessimisme. Nous serions le premier à nous réjouir de notre erreur. Quoi qu'il en soit, la caisse d'épargne de Bologne a tenté une œuvre, qui tient plus de l'assistance que de l'assurance. Ces revenus de 200,000 francs constituent sans doute la ressource la plus considérable : or, c'est un don gracieux des administrateurs de la caisse ; ceux-ci avouent, du reste, dans les statuts, que leur but est d'assister les ouvriers prévoyants et sérieux.

Si donc nous ne pouvons affirmer, en terminant cette étude, avec autant de certitude que pour les essais de Cologne et de Berne,qu'une caisse facultative ne groupe que peu d'ouvriers,nous pouvons répéter qu'à l'assurance contre le chômage, se mêle nécessairement une part d'assistance. Cette part était fournie surtout par la commune ; ici elle est fournie uniquement par les parti-culiers : au fond, rien n'est changé.

§ II. — L'UNION CENTRALE POUR L'ASSURANCE CONTRE LE CHOMAGE A STUTTGART (1).

Comme le système de Bologne, le système de Stutt-gart est dû à l'initiative privée ; mais il a la prétention, bien négligée, nous le savons, à Bologne, de créer une véritable assurance mutuelle, vivant presque unique-ment au moyen des primes, et ne cherchant, dans l'as-sistance, qu'une ressource accessoire. La fondation de la caisse est toute récente : elle n'a, en effet, commencé à fonctionner que le 1er janvier 1897. Nous avons donc, une fois encore, à faire l'étude d'une institution, sans pouvoir en apprécier les résultats. Cependant, il est curieux d'examiner par quels procédés a été réalisée cette idée originale d'offrir, contre le chômage, un mode de protection analogue à celui qu'on applique aux autres risques.

L'assurance, telle qu'elle est organisée à Stuttgart, n'est pas limitée à une partie du territoire, ou à un groupe particulier de professions. Sont capables de s'assurer, tous ceux dont le salaire mensuel varie entre

---

(1) V. Schanz : *Neue Beiträge*, etc, p. 74 et s.

40 et 750 marks. On fait entrer dans le salaire la nourriture et le logement fournis par le patron (domestiques,
garçons d'hôtel), mais non les gratifications ni les bénéfices obtenus au moyen de la participation. Il faut,
en outre, que le salarié ait été occupé sans interruption
au moins pendant une année, et qu'il ait gardé six mois
durant la même place. Il donnera les noms des personnes qui sont prêtes à reconnaître sa moralité, sa
probité scrupuleuse dans l'accomplissement du travail,
et présentera des certificats. Toutefois, c'est un devoir
pour l'assuré de cacher son affiliation à son patron actuel et à ses collègues ; de son côté, l'administration
évite de demander le moindre renseignement au patron, de manière à ne pas augmenter le risque.

Les conditions imposées aux salariés pour devenir
membres de la société ont, comme résultat, d'écarter
de l'assurance tous les mauvais risques : en effet, les
nombreux ouvriers soumis au chômage périodique, et
ceux qui, par la nature même de leur profession, sont
obligés de changer fréquemment de place, ne peuvent
en faire partie. Elle est réservée à l'élite des travailleurs
qui, précisément, n'ont guère besoin de l'assurance, et se
protègent facilement contre les conséquences peu redoutables du chômage, avec les sommes épargnées dans
l'époque du travail.

Ils seront d'autant moins disposés à s'affilier à la
société, que le taux des primes est assez élevé. Elles
sont pour les hommes de 2 o/o ou de 3 o/o du salaire,
suivant l'importance du risque, et de 3 o/o pour les
femmes, qui ont plus de peine à trouver un emploi. Il
est vrai que l'indemnité est aussi de beaucoup supérieure aux modiques secours accordés par les autres
caisses. Le droit de l'assuré dure trois mois ; dans le

premier, il touche 80 o/o, dans le deuxième, 5o o/o, dans le troisième, 20 o/o du salaire reçu jusqu'alors (1). Sauf pour le dernier mois, l'indemnité est payée d'avance. M. Schanz remarque avec raison que cette règle peut conduire à des abus ; il suffira, par exemple, à un membre de rester deux jours sans place, pour qu'il obtienne presque la totalité de son gain mensuel ; en tout cas, les statuts ne disent rien de la restitution.

Naturellement, la perte d'emploi ne saurait, à elle seule, donner naissance au droit d'indemnité ; elle ne produit cet effet que sous certaines conditions. Avant tout, l'assuré doit appartenir à la caisse depuis huit mois et avoir effectué d'une façon régulière le paiement de ses primes : le défaut de paiement, ou le simple retard, s'il est renouvelé trois fois au cours d'une année, entraîne la déchéance. De plus, le chômeur n'est secouru, que s'il n'a pas mérité le malheur qui le frappe. Lorsque le travail est suspendu à la suite d'une grève, et qu'un tribunal a déclaré que la demande était justifiée, le conseil de confiance, composé de trois assurés et de trois employés de la caisse, examinera s'il convient d'accorder une indemnité. C'est lui également qui décide, en dernier ressort, du cas où l'ouvrier a été contraint par dignité de quitter sa place. Enfin, comme dans toute institution de ce genre, le but principal qu'on se propose est de procurer une occupation aux membres en chômage. Ici, toutefois, l'assuré n'est pas tenu d'accepter une situation, qui ne lui fournit pas un salaire identique ou à peu près égal à celui qu'il gagnait précédemment. S'il consent à s'expatrier, il a

---

(1) Pendant la période de chômage, la prime est égale au quart de l'indemnité.

droit, en outre, à un secours de route dont le montant peut atteindre 100 marks.

Notons encore que les statuts prévoient la formation d'un fonds de réserve, constitué par les excédents annuels, les legs et les contributions volontaires (1) ; dès qu'il sera épuisé, un supplément sera demandé aux assurés, après la décision de l'assemblée générale. Au jour de la dissolution, le capital restant sera attribué pour moitié à l'établissement central des institutions en faveur des ouvriers (à Berlin), et, pour moitié, aux personnes qui auront rendu service à la caisse.

Telle est, dans ses grands traits, l'organisation de la caisse mutuelle de Stuttgart. Il est permis de douter de son succès. M. Schanz nous apprend qu'au 16 mars 1897, l'assurance contre le chômage n'existait encore que sur le papier, et que les fondateurs n'avaient pu réunir les sommes nécessaires pour couvrir les frais de création. A supposer qu'on franchisse cet obstacle, on se trouvera en présence de nouvelles difficultés : il faudra, en effet, une armée d'agents pour exercer un contrôle sérieux sur les assurés, répandus sur tout le territoire de l'Empire, et pour opérer le recouvrement des primes ; les dépenses énormes que causerait cette administration, empêcheraient sans doute la caisse de faire face à ses obligations, et de payer les lourdes indemnités qu'elle promet aux chômeurs. Au surplus, l'institution réussirait-elle, que la solution du problème n'en serait guère avancée. Les restrictions que doit faire une telle entreprise ont pour conséquence, de ne permettre l'affiliation qu'aux salariés peu menacés par le

---

(1) La caisse compte donc sur l'assistance pour la constitution du fonds de réserve.

chômage ; la catégorie la plus intéressante des travailleurs est mise à l'écart, et l'assurance est refusée aux seuls individus qui en aient véritablement besoin (1) (2).

§ III. — ASSURANCE MUTUELLE PAR LES ASSOCIATIONS PROFESSIONNELLES.

Nous avons parlé des caisses créées par les associations professionnelles, pour protéger leurs membres contre les conséquences du chômage (3). Parfois, l'orga-

---

(1) Il y a quelques années, la banque des assurances et des rentes de l'Allemagne du Nord, à Hambourg, avait fait un essai analogue. La cotisation annuelle devait s'élever à 2 % du salaire, et l'assuré devait, en outre, verser 3 % de son traitement, comme taxe d'entrée ; en retour la Société fournissait, en cas de chômage non mérité par une faute lourde, et pendant six mois au plus, une indemnité égale à 50 % du salaire assuré, et s'occupait en même temps du placement. Pouvait s'assurer tout individu honnête qui était placé depuis plus de trois mois. L'entreprise échoua faute de membres. M. Schanz, à qui nous devons ce renseignement (*Zur Frage der Arbeitslosen-Versicherung*, p. 51) ajoute : « Les sociétés privées d'assurance sont tout à fait impropres à jouer ce rôle, en raison des difficultés du contrôle ».

(2) M. Rostand (*Réforme Sociale*, 16 novembre 1894) a signalé un essai d'assurance, en dehors du cercle professionnel, tenté à Bruxelles en 1893. Nous n'avons pas pu obtenir de renseignements sur le fonctionnement et les résultats de la société, dont aucun des ouvrages que nous avons consultés ne fait mention. « Mon prédécesseur, feu M. Léon Mahillon, nous écrit M. le Directeur de la Caisse d'épargne et de retraite, s'était occupé de la création d'une association contre le chômage forcé. Mais, je crois que cette entreprise ne s'est pas soutenue. » Le Directeur a joint à sa lettre une circulaire datée d'Ixelles, (24 février 1898) et qui demande l'adhésion à la société de secours mutuels *les Travailleurs Unis*.

Cette société a pour but d'assurer à ses membres effectifs des indemnités temporaires en cas de chômage professionnel involontaire résultant de toute autre cause que la maladie ou l'accident.

(3) V. Introduction.

nisation semble se rapprocher plus de l'assurance pro·
prement dite que de la mutualité de secours.

C'est le système que pratique notamment l'Association
des commerçants allemands de Berlin (1). Elle a introduit, en 1885, une sorte d'assurance facultative, dans laquelle peut entrer tout membre de l'Union qui n'a pas dépassé cinquante ans. En cas de perte d'emploi survenant
sans faute lourde, après une affiliation d'un an, l'assuré
obtient un secours pendant trois mois consécutifs ; la
durée est portée à six mois, s'il appartient depuis deux ans
à la caisse. L'indemnité est fixée à 3o marks par mois
pour une cotisation mensuelle de 1 mark, et à 45 marks
pour une cotisation de 1 m. 5o ; elle n'est pas accordée
dans les quinze premiers jours du chômage, à moins
qu'il ne se prolonge. L'assuré qui a été secouru pendant
un semestre ne peut plus rien obtenir qu'après être
resté neuf mois en place. Avant de recevoir un secours,
il doit déclarer quels sont ses profits accessoires, et en
abandonner 25 % à la caisse. Quand ces profits atteignent le double du secours, le droit à l'indemnité disparaît ; il en est ainsi également pour les membres qui
jouissent, en outre, de revenus comme entrepreneurs,
ou pour ceux qui refusent une place conforme à leurs
connaissances, leur situation et leur salaire habituel
(d'après statuts de 1895).

Cette expérience n'eut qu'un succès médiocre. En
1885, 20 membres seulement, sur 401. s'affilièrent
(5 %) ; en 1894, le nombre avait sensiblement

---

(1) Cette association rentre dans la catégorie des unions créées par
Max Hirsch et Franz Duncker (Gewerkverein).

augmenté, mais la proportion n'était guère changée (229 sur 3.675), soit 6 %. Aussi, en 1891, fut jointe à l'assurance facultative une assurance, ou plutôt, une assistance obligatoire. Les conditions sont à peu près les mêmes ; il faut noter, pourtant, que le secours est de 1 mark pendant 90 jours, y compris les dimanches et jours fériés, et peut être renouvelé après six mois; de plus, les fonds nécessaires au fonctionnement sont réalisés, non au moyen de cotisations spéciales, mais par un prélèvement de 25 % sur les quotités hebdomadaires (20 pf.). Il est permis, actuellement, de faire partie des deux caisses, et de recevoir de chacune d'elles les indemnités fixées par les statuts.

Dans ces dernières années, si nous en croyons M. Schanz, l'idée de l'assurance contre le manque d'emploi a gagné de plus en plus de terrain chez les autres unions d'employés de commerce, surtout dans la Fédération allemande des commerçants, société puissante qui groupait, en 1892, 73 unions. A l'automne de 1890, l'Union des commis de Hambourg (35.000 membres) envoyait aux unions similaires une circulaire sur les procédés de réalisation de l'assurance. Ses propositions ne furent agréées que par les unions de Francfort, de Mannheim et de Berlin. La presse s'efforça de maintenir la question à l'ordre du jour, et la Fédération se décida, à l'assemblée de Cologne (12 juin 1894) à établir une enquête préalable sur les causes et l'étendue du chômage dans la profession. Le docteur Hans Hall, chargé de cette mission, déclara qu'en prenant pour base les résultats de l'enquête, une cotisation de 1 % du salaire permettrait d'accorder une indemnité de 60 %. Le projet n'a pas abouti et, ainsi, l'assurance mutuelle organisée par les associations profes-

sionnelles est, à l'heure actuelle, encore très restreinte (1) (2).

____

(1) V. sur l'Association des commerçants allemands :
Schanz : *Zur Frage*, etc., p 48 et annexes 36 et 61 ;
Rostand : art. cité, p. 731 ;
Revue des Institutions de prévoyance (1887).

(2) L'action de l'initiative privée pourrait sembler moins modeste
que nous ne l'avons dit. En effet, plusieurs compagnies s'intitulent :
« Compagnie d'assurance contre l'incendie et le chômage ». Mais,
il faut entendre, par là, uniquement le chômage des capitaux. L'assurance, ainsi limitée, présente deux combinaisons principales : 1º l'assurance contre la perte des loyers, qui garantit au propriétaire les
loyers dont il sera privé pendant la reconstruction ou la réparation
de l'immeuble incendié, et protège, contre le recours du propriétaire,
le locataire responsable des loyers perdus pendant la même période ;
2º l'assurance contre les pertes des bénéfices, qui garantit aux commerçants et industriels, en cas d'incendie, une indemnité représentant
les revenus des capitaux rendus improductifs. — Quant à l'assurance
qui garantirait les ouvriers et les employés des dommages, résultant de
la perte de leurs salaires, à la suite de la fermeture des ateliers et
magasins incendiés, elle a été repoussée : le temps nécessaire pour la
reconstruction des établissements est souvent très long, et l'ouvrier,
même assuré, chercherait toujours du travail ailleurs ; il n'aurait
donc aucun intérêt à s'assurer : tel est le motif invoqué par les Compagnies. — Pourtant, une tentative a été faite dans ce sens, il y a une
quinzaine d'années, par la Société « le Globe » : elle garantissait non
seulement les propriétaires, les négociants et industriels, mais aussi
les ouvriers contre le chômage. Elle ne tarda pas à disparaître ; il en
fut ainsi d'une autre société qui poursuivait un but analogue. Il semble donc que le chômage des ouvriers et employés constitue un risque qui doit rester en dehors de l'industrie des assurances, même en
appliquant l'assurance spécialement au chômage qui résulte de
l'incendie.

M. Rochetin expose longuement le plan d'une société d'assurances
mutuelles contre le chômage par suite d'incendie, à l'égard des ouvriers
et employés ; la garantie de la société consisterait : « dans le payement de l'intégralité de leur traitement et salaires pendant le mois
qui suit l'incendie de l'établissement qui les emploie, de la moitié des
dits traitements et salaires pendant le deuxième mois, et du quart
pendant le troisième mois de ce même chômage » (V. *Les Assurances
ouvrières*).

CHAPITRE II

LES PROJETS D'ASSURANCE CONTRE LE CHOMAGE

SECTION I

Les projets d'assurance en Suisse.

§ I. LE PROJET DE BALE-VILLE

Le gouvernement du canton de Bâle-Ville a conçu, à la même époque que celui de Saint-Gall, la pensée de porter remède au chômage au moyen de l'assurance. Et, pourtant, la caisse de Saint-Gall a cessé d'exister depuis plusieurs mois, alors que l'institution de Bâle est encore à l'état de projet. On ne saurait blâmer la méthode prudente suivie par le législateur bâlois, si l'on considère les inconvénients qu'a entraînés, à Saint-Gall, une règlementation trop hâtive, et qu'une étude approfondie eût sans doute permis d'éviter.

Cette étude a été faite, à Bâle, de la façon la plus sérieuse. A la fin de 1893, le Conseil d'Etat confiait le soin d'élaborer un projet d'assurance à une commission consultative, dans laquelle figuraient, à côté des représentants des patrons, des ouvriers des principales industries. M. Georges Adler, professeur d'économie politique à l'Université de la ville, l'auteur de nombreux ouvrages sur la question du chômage, fut chargé de rédiger le rapport. Il fit, à ce sujet, un exposé très documenté, passant en revue toutes les dispositions, et les justifiant par des considérations économiques et statistiques.

Au mois de novembre 1894, le grand conseil, c'est-à-dire le pouvoir législatif, fut appelé à se prononcer. Malgré les garanties qu'offrait un projet présenté dans ces conditions, il jugea utile de le renvoyer à une commission de neuf membres, choisis dans tous les partis et dans toutes les classes de la population. Au mois d'avril 1896, la nouvelle commission déposa son rapport ; tout en conservant les principes établis par le projet primitif, elle y apporta une série de modifications, dans le but de calmer l'opposition qui s'était manifestée pour certains articles, soit parmi les membres du Conseil, soit parmi les patrons et les ouvriers.

Le directeur de l'Office français du Travail terminait ainsi sa note sur l'assurance contre le chômage : « C'est le projet bâlois qui offre actuellement le type le plus complet et le plus étudié de tous ceux que nous avons eus entre les mains ». Nous verrons, par l'analyse du projet, si l'éloge est mérité ; elle nous apprendra de plus si le système de Bâle n'a pas, sur les systèmes pratiqués ou proposés, d'autre supériorité que d'avoir été établi à la suite de longs travaux, et s'il ne donne pas la solution la plus exacte du problème de l'assurance.

I. — En ce qui concerne l'*étendue de l'assurance*, le projet de Bâle organise un système différent à la fois de celui de Berne et de celui de Saint-Gall. D'une part, l'assurance est obligatoire; d'autre part, l'obligation est limitée à certains groupes de professions.

Pour quelles raisons a-t-on adopté ces deux principes? M. Adler nous les indique au début de son rapport. « Avant tout, dit il, il s'agira de rechercher si l'affiliation doit être, en quelque façon, obligatoire. Si l'affiliation ne présente pas ce caractère, alors il est à craindre : 1º que la participation des ouvriers soit trop modérée (dans ce cas, la loi ne rendrait que de très légers services) ; 2º que le patron, contraint de licencier une partie de ses ouvriers, congédie précisément ceux qui sont assurés, parce qu'il les sait à l'abri de la misère ; 3º que les assurés appartiennent presque exclusivement aux industries que le chômage menace le plus. La conséquence, c'est que la caisse aurait à payer un chiffre d'indemnités énorme par rapport au nombre des assurés, sans établir pour autant une protection efficace : en effet, par suite des mouvements de l'industrie, ou de la négligence des ouvriers, il se peut que le nombre des chômeurs dépasse de beaucoup celui des assurés » (1).

M. Adler prétend que ces inconvénients disparaissent avec le système obligatoire qui, en outre, offre l'avantage d'appliquer le principe de la solidarité. Mais il fait immédiatement des réserves. On ne devra pas, à son avis, en établissant la nouvelle institution, étendre trop loin le cercle de l'obligation. Comme cette assurance

---

(1) V. Adler : *Die Versicherung der Arbeiter gegen Arbeitslosigkeit*, p. 5.

est la première de cette nature, il convient de la limiter
d'abord aux éléments les plus nécessiteux de la classe
ouvrière.

L'article 1er du projet, mettant ces idées en pratique,
oblige seulement à l'assurance « les personnes qui
travaillent dans les établissements soumis à la loi du
23 mars 1877 sur les fabriques, ou qui sont employées
comme ouvriers du bâtiment ou terrassiers ».

Pour savoir ce que comprend au juste le mot « fabriques », il faut se reporter à l'arrêté fédéral du
3 juin 1891, ainsi conçu : « Sont considérées comme fabriques dans le sens de la loi fédérale du 23 mars 1877 :

a). Les exploitations qui travaillent avec plus de
5 ouvriers et emploient des moteurs mécaniques, ou
occupent des personnes âgées de moins de 18 ans, ou
présentent des dangers particuliers pour la santé et la
vie des ouvriers.

b). Les exploitations occupant plus de 10 ouvriers et
ne comprenant aucune des conditions mentionnées à la
lettre *a*.

c). Les exploitations de moins de 6 ouvriers présentant
des dangers exceptionnels pour les ouvriers, ou celles
occupant moins de 11 ouvriers et présentant le type
évident des fabriques.

Mais si l'on a cru devoir imposer l'assurance à ces
seules professions, on n'a pas voulu que le cercle fût
réduit encore, et on n'a admis qu'un très petit nombre
d'exceptions. Ni l'âge, ni le sexe, ni la nationalité ne
sont pris en compte : à partir de sa quatorzième année,
l'ouvrier, homme ou femme, citoyen suisse ou étranger,
est tenu de s'assurer, s'il appartient à l'une des deux
catégories visées par la loi.

Aucune condition particulière de domicile n'est même exigée, la commission ayant supprimé la clause du projet primitif, portant que les ouvriers devaient être établis depuis un an au moins sur le territoire du canton (1). Désormais, il suffit qu'ils soient domiciliés dans le canton, sans qu'on ait à s'occuper de la durée de leur séjour.

Peu importe encore le lieu où s'effectue leur travail. En exceptant les personnns occupées dans les établissements situés hors du canton, on aurait exclu de nombreux ouvriers, appartenant à l'industrie textile, domiciliés à Bâle, et que des fabricants de la ville emploient dans des fabriques élevées sur le territoire allemand (2), mais inscrites au registre du commerce suisse.

Dès lors, que reste-t-il en dehors du domaine de l'assurance? Quels seront, parmi les ouvriers de fabrique ou du bâtiment, ceux qui pourront échapper à l'obligation?

Ils se divisent en trois groupes : le premier comprend les ouvriers dont le salaire annuel atteint 2.000 fr. Il y avait des raisons spéciales pour les mettre à part. Plus recherchés que les autres ouvriers, ils risquent moins, par suite, de tomber en chômage; en outre, leurs revenus leur procurent le moyen de faire des écono-

---

(1) Mais pour empêcher les abus, la commission a établi cette règle que les assurés auront droit à l'indemnité après le cours d'une année, et que le droit naîtra après six mois pour ceux qui ont déjà habité le canton un an avant leur affiliation.

(2) Mais on a renoncé, en raison des difficultés qu'auraient créées le contrôle des cotisations et celui des chômeurs, à comprendre dans l'assurance les ouvriers travaillant dans le canton, mais habitant en dehors.

mies, et ils sont, par leur éducation, leur intelligence, assez disposés à l'épargne.

Des motifs d'ordre différent ont entraîné l'exclusion des apprentis et volontaires (1) âgés de moins de 18 ans et qui touchent un salaire inférieur à 3oo fr. (2oo fr. d'après le projet primitif). Les ressources qu'ils tirent de leur travail sont si faibles, qu'on est en droit de supposer qu'ils sont surtout entretenus par leur famille : ainsi, le chômage n'a pas pour eux des conséquences très graves, et il est superflu de les assurer de force contre un risque peu important.

Enfin, la Commission a créé une nouvelle exception, en faveur des ouvriers qui font partie d'une caisse libre, dont les prestations seront jugées suffisantes par le Conseil d'Etat. Cette modification a été introduite à la suite d'une pétition adressée par la société des ouvriers imprimeurs : le Typographia. Cette société, moyennant une cotisation de o fr. 15 par semaine, assurait à ses membres, en cas de chômage, un secours journalier de 2 fr. Il eût été évidemment vexatoire de leur demander davantage, pour donner beaucoup moins.

En résumé, on s'est proposé d'assurer uniquement les professions pour lesquelles le chômage constitue un véritable risque (2), et aussi de fournir à ces profes-

---

(1) On appelle ainsi les jeunes gens qui, leur apprentissage terminé, travaillent dans les ateliers, moyennant un faible salaire, en attendant un engagement.

(2) Toutefois, comme le remarque M. Schanz, des professions qui souffrent beaucoup du chômage, ainsi que le montre la statistique, ne sont pas comprises dans la loi ; les domestiques, en général les employés de petits industriels, tous ceux dont l'occupation est limitée à moins d'une semaine, restent en dehors de l'assurance. La Commis-

sions, limitativement déterminées, la protection la plus efficace possible, en englobant dans l'assurance tous les ouvriers qui les exercent, sauf ceux qui méritent d'être dispensés de l'obligation, parce qu'ils trouvent, soit dans un salaire élevé, soit dans l'aide de leur famille, soit dans l'affiliation à une caisse libre, des ressources assez considérables pour parer aux inconvénients du chômage.

Si l'assurance, telle qu'elle est organisée à Bâle, apparaît plus restreinte qu'à Berne où à Saint-Gall, par un autre côté, elle est beaucoup plus étendue. On ne se propose pas, en effet, de fonder une caisse communale, mais une caisse cantonale, une caisse d'Etat. Ce n'est plus la commune qui se charge des frais d'administration, qui fournit une subvention, qui exerce une surveillance générale sur le fonctionnement de l'institution, c'est l'Etat. Il est inutile, croyons-nous, d'insister sur l'importance d'une telle innovation.

II. — L'originalité du système de Bâle apparaît plus encore dans la façon dont il organise les *recettes* de la caisse. Non pas, certes, que nous y trouvions une ressource qui n'ait été déjà établie par les systèmes précédents : ici, comme là, c'est aux ouvriers, aux patrons, à l'Etat, aux particuliers, que l'on demande les fonds nécessaires et, à vrai dire, on ne conçoit pas qu'il ait pu en être autrement. Mais les procédés employés sont bien différents.

---

sion a, d'ailleurs, prévu une extension et elle a adopté l'article suivant : Dans un délai de trois ans après l'établissement de l'assurance, le Conseil de Gouvernement examinera la question de savoir, s'il convient d'admettre de nouvelles catégories de travailleurs, et présentera à ce sujet un rapport au grand Conseil.

1. — Pour la première fois, nous voyons que les *cotisations des assurés*, au lieu d'être uniformes, varient suivant l'importance plus ou moins grande du risque qu'ils courent.

Il est vrai qu'à Saint-Gall, on avait divisé les assurés en plusieurs classes, mais le seul élément de répartition, le salaire, n'avait aucune corrélation avec la différence des risques.

A Bâle, on tient compte de deux éléments : du salaire et du risque. A ceux qui ont un gain plus élevé, on impose des primes plus fortes, mais aussi on leur donne davantage en cas de chômage. A ceux qui courent un plus grand risque, on demande plus, sans, pour cela, augmenter le taux de leurs indemnités. Ainsi est appliqué le principe essentiel de l'assurance, complètement négligé jusqu'alors : la prime doit être proportionnelle au risque couru.

Sans doute, ce principe subit encore quelque restriction. M. Adler nous explique pourquoi on n'est pas allé plus avant dans cette voie. « L'élévation des primes, dit-il, ne doit pas se régler uniquement sur la classe de salaire à laquelle appartient le membre, mais surtout sur ce fait, que certains membres sont plus fréquemment en chômage et profitent à un point tout à fait disproportionné des secours de la caisse... On ne peut graduer les cotisations d'après chaque profession. En effet, la statistique qui eût fourni les bases de ce tarif fait complètement défaut. D'ailleurs, la marche du chômage est si variable, qu'une moyenne de dix ans, et même plus, établie pour la plupart des professions, ne représenterait pas le pourcentage à attendre. Car il est possible qu'une crise de plusieurs années ou une dépression économique éprouve telle ou telle industrie, et renverse ainsi tous les résultats des calculs de probabilités. Enfin, ces calculs valent surtout quand ils portent sur des gros chiffres, et les diverses professions industrielles du canton se présentent naturellement avec des chiffres minimes. Il résulte de là que la plupart des professions devront subir un tarif unique, ce qui, au surplus, correspond au principe de la solidarité entre les travailleurs. Il n'y a qu'une classe d'ouvriers qui mérite un traitement spécial : celle des ouvriers du bâtiment. Il ne sont pas soumis, en effet, seulement au risque du chômage que peuvent produire des circonstances difficiles, mais, de plus, au chômage de saison. Il leur est impossible, pour la grande majorité, d'être employés toute l'année; ce sont eux, par conséquent, qui fournissent, toute proportion gardée, le contingent le plus considérable des sans-travail (1) ».

Il eût été souhaitable, en principe, que l'institution d'assurance fût divisée en deux caisses, l'une pour les ouvriers de saison, la seconde pour les autres professions, car on ne saurait sans injustice faire supporter à celles-ci les frais communs. Mais cette exigence théorique de l'assurance spéciale des ouvriers du bâtiment, se heurtait au manque complet des documents nécessaires pour sa constitution. On rétablit l'équilibre par une augmentation des primes. La séparation des deux caisses pourra se faire plus tard, lorsque, l'assurance ayant fonctionné une série d'années, on connaîtra le rapport exact entre le nombre des ouvriers en chômage et celui des assurés.

Il nous est facile, après ces explications, de com-

---

(1) Ouvr. cité, p. 54 et suiv.

prendre la division des assurés établie par le projet
primitif. Dans la première catégorie, étaient groupés
les ouvriers de fabrique ; dans la deuxième, les ouvriers
du bâtiment et les terrassiers. Chaque catégorie était,
elle-même, divisée en trois classes, suivant le salaire,
et le tarif des cotisations dépendait à la fois et de la
catégorie et de la classe, de telle sorte que, à salaire
égal, les ouvriers de fabrique payaient une prime
inférieure à celle des ouvriers du bâtiment.

Le tarif était le suivant :

	1re catégorie	2e catégorie
1re *classe* (salaire de 15 fr. et au-dessous par semaine) =	0.20	0.40
2e *classe* (salaire de 15 à 24 fr.) =	0.30	0.50
3e *classe* (salaire de 24 fr. et au-dessus =	0.40	0.60

La Commission du grand Conseil reçut, à ce sujet,
deux réclamations: beaucoup d'ouvriers, occupés dans
des industries ou des métiers peu exposés au chômage,
trouvèrent insuffisante la graduation des primes, et
tous les intéressés se plaignirent du taux exagéré des
cotisations.

Ainsi s'explique la double réforme apportée au premier projet. Les assurés sont répartis en trois catégories: l'une composée, comme précédemment, des ouvriers de fabriques ; la seconde, des ouvriers du bâtiment qui souffrent le moins du chômage ; la dernière,
des ouvriers du bâtiment dont le travail est subordonné
aux conditions climatologiques. C'est le Conseil d'Etat
qui détermine la limite un peu flottante qui sépare la
2e et la 3e catégories.

Cette modification devait entraîner un changement
dans le tarif, mais la Commission le transforma, en
outre, au point de vue du taux des cotisations, contre

lequel s'étaient élevées les récriminations les plus vives. Après avoir fait dresser de nouvelles statistiques, elle se crut autorisée, sans ruiner le budget de la caisse, à diminuer sensiblement le taux et, dans cette atténuation, elle tint compte, une fois encore, de la différence des risques.

Voici, en effet, le tarif qu'elle a établi:

	1re catégorie	2e catégorie	3e catégorie
1re *classe*, même principe....... =	0.10	0.20	0.30
2e *classe*, — .... =	0.15	0.30	0.45
3e *classe*, — .... =	0.20	0.50	0.60

Ces chiffres signifient qu'il y a deux fois moins d'ouvriers de fabrique pouvant prétendre au secours que certains ouvriers du bâtiment, et trois fois moins que d'autres ouvriers du même groupe. Il est évident que la proportion n'est pas absolument exacte, mais, en somme, le principe du rapport des primes au risque est observé, et la pratique seule permettra de le réaliser d'une façon plus précise. On ne saurait nier que cette organisation constitue une véritable progrès, si on la compare à celle de Berne ou même de Saint-Gall.

Elle présente un avantage aussi sérieux en ce qui concerne le mode de payement des cotisations. On ne s'adresse plus à l'ouvrier, ce mauvais débiteur qu'il est si difficile d'atteindre, et qui ne se soucie guère des poursuites, mais au patron. C'est lui qui, toutes les quatre semaines, devra verser à la caisse les primes des ouvriers qu'il emploie, et qu'il aura perçues par des retenues pratiquées sur leur salaire. Il suffit de se rappeler les résultats déplorables que le système de Saint-Gall a produits, parce qu'il avait oublié cette règle, cependant si simple, pour en saisir toute la portée (1).

2. — D'ailleurs le patron, outre son rôle d'intermédiaire, participe directement au fonctionnement de l'assurance. Tandis qu'à Saint-Gall, on l'avait laissé de côté, sans même faire appel à sa générosité, ici on l'attache à la caisse par le lien de l'obligation. Il devra, bon gré mal gré, ajouter à la prime de ses ouvriers sa cotisation personnelle; s'il dirige une entreprise de construction ou de terrassement, il donne 0,20 par semaine et par ouvrier occupé; s'il exploite une fabrique, il donne seulement 0,10. La distinction qu'on avait faite entre les ouvriers, on la fait également pour les patrons. M. Adler justifie la mesure prise à leur égard par plusieurs motifs. « Ils tirent, dit-il, de grands avantages de l'activité de l'ouvrier à l'époque du travail; ils doivent être aussi de ceux qui viennent à son secours au jour de la misère. Il existe des dispositions de cette nature dans les assurances contre les maladies et les accidents, qui imposent aux patrons des charges importantes. Puis les patrons, par l'introduction de cette nouvelle assurance, ont encore l'avantage d'obtenir, grâce à la sollicitude de l'Etat, une race solide d'ouvriers. Et comme les ouvriers du bâtiment causent beaucoup de frais, qu'un grand nombre ont été attirés sur le territoire du canton, précisément par la spéculation exagérée des entrepreneurs, il est légitime de leur demander plus qu'aux autres. »

---

(1) Sont dispensés du payement de la cotisation l'ouvrier en chômage fixe ou ayant chômé plus de trois jours par semaine ; l'ouvrier malade ou blessé qui ne touche pas son plein salaire en vertu de la loi sur la responsabilité civile; le patron dont l'ouvrier est en chômage.

Nous avouons ne pas être très convaincu, par le raisonnement de M. Adler, de la justice du procédé, qui consiste à faire aux patrons un traitement différent, suivant qu'ils occupent des ouvriers plus ou moins exposés au chômage; mais le principe nous semble excellent.

3. — Quant aux autres ressources de la caisse, elles ne contiennent aucune innovation. L'Etat prend à sa charge les frais d'administration qui, paraît-il, doivent s'élever environ à 15,000 fr.; en outre, il verse chaque année une subvention de 25,000 fr. qui servira à former un fonds de réserve ou à compléter les dépenses.

4 — Pour les dons et legs, M. Adler, tout en déclarant que l'esprit de la classe riche de Bâle donne les plus grandes espérances, reconnaît toutefois que l'importance de ce facteur est trop aléatoire, et que les préjugés à l'égard de l'organisation projetée sont encore trop répandus, pour qu'il soit permis de les faire entrer en ligne de compte, dans l'équilibre du budget. La caisse devra pouvoir effectuer, avec les autres ressources, le paiement des indemnités.

III. — 1. — Les *conditions* exigées pour le droit à l'indemnité sont, à peu de chose près, celles de Berne ou de Saint-Gall. Il faut que le sociétaire ait fait partie, depuis six mois, de la caisse, et ait payé régulièrement et sans interruption ses cotisations; que le chômage ne soit pas la conséquence de discussions sur le salaire (grève), ni d'un abandon volontaire de la place, ni d'un renvoi causé par un acte qui, d'après les dispositions du Code des obligations et de la loi sur les fabriques, donne au patron un droit de congé immédiat, ni de la maladie ou d'un accident; il faut enfin que l'assuré n'ait pas refusé, sans motif valable, le travail qui lui est offert par l'administration. Celle-ci n'a pas, au surplus, le choix entre toutes les places vacantes : elle ne peut indiquer au chômeur les places devenues libres à la suite de grèves ou lock-outs ; ce serait prendre parti dans les conflits entre patrons et ouvriers, et l'assurance doit conserver la plus stricte neutralité.

Toutefois, parmi les conditions que nous venons d'énumérer, il en est qui ne sont pas imposées aussi rigoureusement qu'ailleurs. Sur deux points, la Commission du grand Conseil a atténué les dispositions du projet primitif.

Ce projet avait compris, parmi les motifs de suppression d'indemnités, l'*aussperrung*, c'est-à-dire la décision du patron qui renvoie un certain nombre ou toute une catégorie de ses ouvriers pour une raison quelconque, et que les Anglais et Américains appellent le lock-out. La Commission admet, au contraire, l'ouvrier à faire valoir ses droits à l'indemnité, en cas de chômage résultant du renvoi en masse : sinon, la puissance du patron deviendra trop grande. Il sera trop armé contre l'ouvrier et sa famille. De plus, si on prélève sur le salaire de l'ouvrier le montant d'une prime d'assurance, on lui reconnaît, en même temps, un droit à une indemnité, lorsque survient le chômage involontaire. Il est, bien souvent, impossible de déterminer à qui incombe la responsabilité du conflit. La direction de l'assurance ne peut pas, en tout cas, se charger de trancher cette difficulté. Dans ces circonstances délicates, la solution juste doit consister, à attribuer la responsabilité du chômage, à celle des deux parties qui l'a provoqué, et non à celle qui en souffre.

M. Adler (*Schweizerische Blätter*, 1895, 1er vol. p. 123)

s'était vivement élevé contre cette réforme. Il la trouvait injustifiée, soit parce que les contestations entre patrons et ouvriers doivent être tranchées par les parties en cause, surtout dans un pays où le droit de coalition est illimité, soit parce que les patrons versent annuellement 48,000 francs à la caisse. M. Schanz (*Neue Beiträge*, p. 55) va plus loin. « Cette mesure, dit-il, est grotesque. Les ouvriers demandent-ils des salaires plus forts, de plus courtes journées de travail, une amélioration de leur état, et l'entrepreneur refuse-t-il ? Alors, il ne leur reste que la grève et ils n'obtiennent rien de la caisse, quelque fondée que soit leur prétention. L'entrepreneur prend-il l'initiative, et diminue-t-il le salaire ou augmente-t-il la journée, aggrave-t-il les conditions du travail ? Il n'a qu'à attendre patiemment que les ouvriers déclarent ne pas accepter, et se mettent en grève : les ouvriers ne reçoivent encore aucun secours ».

En outre, la Commission a décidé que l'indemnité ne serait refusée aux grévistes que pendant la durée de la grève ; celle-ci terminée, même les ouvriers, qui resteront sans travail à la suite de la grève, pourront faire appel à la caisse.

Ces deux mesures, établies en faveur des ouvriers, dont elles étendent sensiblement les droits, n'avaient pas trouvé place dans les précédentes organisations. C'est donc une nouvelle particularité du système de Bâle.

2. — Mais il se distingue surtout par les variations qu'il fait subir au *taux* des indemnités. On s'est proposé comme but de donner aux chômeurs le minimum nécessaire à l'existence, de manière à ne pas faire naître les abus, et à ne pas encourager l'oisiveté. Mais ce minimum n'est pas le même pour tous les ouvriers. Un jeune

manœuvre n'a pas besoin d'une somme aussi importante qu'un ouvrier qualifié plus âgé, qui a femme et
enfants à nourrir. De plus, les célibataires trouvent plus
facilement du travail, parce qu'ils ont pour ainsi dire à
leur disposition toutes les places du monde. Aussi,
l'indemnité dépend à la fois de la classe de salaire (qui
a servi de base au tarif des cotisations) et de la situation
de famille de l'assuré.

Un chômeur se présente-t-il à la caisse ? Le premier
soin de l'administration sera de rechercher à quelle
classe de salaire il appartient. Si, au cours des six mois
qui ont précédé le chômage, i' a changé de classe, il
sera rangé dans celle où il est resté le plus de temps ou
bien, si les 26 semaines se sont également réparties
entre diverses classes, il sera placé dans la plus élevée.

Cela fait, on examinera l'état civil de l'assuré. Trois
groupes sont distingués à ce point de vue, et l'indemnité
varie avec chacun. Le premier comprend les célibataires, les veufs ou veuves sans enfants au-dessous
de 14 ans, les femmes mariées ; le deuxième, les veufs
ou veuves avec un ou plus d'un enfant au-dessous
de 14 ans, les hommes mariés sans enfants ou avec
un enfant au-dessous de 14 ans. Ces derniers, toutefois,
si leurs femmes ont une occupation régulière et quoti-
dienne, ou reçoivent elles-mêmes un secours, tombent
dans la catégorie précédente. Enfin le troisième groupe
se compose des hommes mariés ayant plus d'un enfant
au-dessous de 14 ans, avec la même restriction que plus
haut.

A ces divisions, correspond le tarif suivant :

	1er Groupe	2e Groupe	3e Groupe
1re classe de salaire.........	0.80	1.20	1.50
2e — —	0.90	1.40	1.70
3e — —	1 »	1 50	2 »

La réflexion que suggère ce tableau, c'est que le montant de l'indemnité est très faible. Encore les assurés ne pourront-ils pas toujours le toucher intégralement. Il est fait, dans deux cas, une réduction du secours.

Beaucoup de chômeurs auront des gains accessoires. Une ouvrière, par exemple, se procurera quelques bénéfices, en se livrant à des travaux de blanchissage et de nettoyage. Il ne s'agit pas d'un emploi régulier, car le chômage serait écarté, mais d'une occupation passagère, qui prend un jour ou deux par semaine. Si l'on faisait une réduction égale à tout le gain réalisé, il serait à craindre que les ouvriers refusent de telles occupations ; il est, en outre, légitime, que celui qui travaille ait plus de revenu qu'un autre. Il peut arriver aussi qu'en raison de la stagnation des affaires, les ouvriers ne soient employés qu'une partie de la journée, et touchent un salaire inférieur. Tant que le gain ainsi obtenu n'est pas au-dessous du minimum nécessaire à l'existence, ni l'Etat, ni l'institution d'assurance n'ont à intervenir : ils n'aideront le chômeur que dans le cas contraire.

Voici comment le projet règle ces deux situations, qui tiennent le milieu entre le travail régulier et le chômage complet.

Pour les gains accessoires, que l'assuré devra faire connaître sous peine de déchéance de tous ses droits, ils n'entraînent aucune diminution de l'indemnité, s'ils ne dépassent pas 3 francs par semaine. Au-dessus de ce taux, le secours est réduit proportionnellement aux deux tiers de l'augmentation. Ainsi un chômeur qui gagne 9 francs au moyen de petits travaux et qui, en temps ordinaire, peut prétendre à un secours de 7 francs, obtiendra 4 francs.

Quant aux ouvriers qui font des journées incomplètes, ils auront droit aux deux tiers du secours, mais à la condition que leur salaire se trouve réduit de plus de moitié.

3. — Si l'indemnité n'atteint pas le taux en vigueur à Berne ou à Saint-Gall, elle est accordée, par contre, pendant une période beaucoup plus longue ; le maximun de sa durée est de 91 jours par année d'exercice ; elle est payée après une semaine de chômage. Mais l'assuré aura tout intérêt à ne pas abuser de la caisse. En effet, un membre qui, dans le cours d'une année, a reçu, pendant 50 jours au plus, des secours de chômage, perd ses droits pour l'année suivante, à moins qu'il n'ait, dans l'intervalle, versé 26 cotisations. On a voulu, par là, tromper l'espoir des ouvriers peu scrupuleux qui, sans cette mesure, auraient peut-être réussi, comme à Saint-Gall, à devenir les pensionnaires attitrés de l'assurance.

4. — Nous n'avons étudié encore qu'une catégorie de dépenses ; il en est une autre, toute spéciale à Bâle : les *secours de route.* L'utilité de ces secours est bien évidente ; l'ouvrier sans travail pourrait souvent trouver une occupation en dehors du canton, mais il n'a pas toujours assez d'argent pour entreprendre le voyage. La caisse éprouve, de ce fait, un grand préjudice, puisqu'elle est chargée plus longtemps de l'entretien du chômeur.

Aussi, favorise-t-elle le plus possible le départ de l'assuré, et lui donne-t-elle les moyens de se rendre, sans qu'il lui en coûte rien, au lieu qu'il a choisi.

Elle paie d'abord ses frais de déplacement et ceux de sa famille, si elle part en même temps que lui (jusqu'à 200 kilomètres au maximum), et lui accorde, en outre, une indemnité de nourriture de un franc par jour s'il voyage seul, et de o fr. 5o en plus pour chaque membre de sa famille. Les frais de déménagement sont supportés par l'ouvrier.

IV. — Nous connaissons dans tous ses détails l'organisation de la caisse. Comment en a-t-on assuré le fonctionnement ? On a voulu établir une administration aussi simple que possible, de manière à réduire les frais de bureau et d'écritures. A la tête de l'institution est placé un *directeur* nommé pour six ans par le Conseil d'Etat. Il veille à la rédaction des comptes, à l'inscription des ouvriers et des chômeurs, examine l'opportunité des places offertes, et fait le contrôle des sans-travail. Une *commission* est chargée de surveiller les actes du directeur, qui peuvent toujours être soumis à son appréciation ; elle tranche les conflits soulevés par l'obligation de l'assurance, le payement des cotisations et l'établissement des secours.

Il convient de remarquer la composition de cette commission de surveillance. Des neuf membres qui la forment, un, le président, est désigné par le Conseil d'Etat, trois sont élus par les patrons qui versent des contributions, et les cinq autres par les ouvriers assurés, sans distinction de sexe ni de nationalité (1).

Les ouvriers ont ainsi la majorité, et il leur est possible de faire triompher leurs idées.

Deux raisons ont entraîné le législateur à donner aux

---

(1) Le projet du gouvernement n'admettait à l'électorat que les assurés jouissant de leurs droits de vote en matière cantonale. La commission a pensé, avec raison, que cette condition était mal fondée, l'élection n'ayant ici, à aucun degré, un caractère politique.

ouvriers un pouvoir plus étendu qu'aux patrons. D'abord, ce sont eux qui fournissent la plus grande partie des revenus de la caisse; en outre, les ouvriers désirent toujours diriger eux-mêmes les institutions qui sont créées dans leur intérêt ; une administration soustraite à leur influence éveille presque nécessairement chez eux la défiance : ils craignent qu'elle ne prenne un caractère bureaucratique et hostile, et ils considérent comme des aumônes les indemnités qu'elle accorde.

D'ailleurs, cette situation n'offre aucun danger. Le Conseil d'État exerce, en effet, une surveillance générale sur la caisse ; on peut attaquer devant lui, par voie de recours, les décisions de la Commission.

V. — Notre exposé serait incomplet si nous laissions de côté les *prévisions budgétaires*, annexées à leurs rapports par les deux Commissions, et qui permettent de connaître par avance la situation financière de la caisse.

M. Adler avait cherché déjà à déterminer l'importance des charges, au moyen de statistiques entreprises soit en Allemagne, soit à Zürich, soit à Bâle même, et il était arrivé aux conclusions suivantes : le nombre des assurés sera d'environ 9,000, dont 7,466 ouvriers de fabriques (l'industrie textile à elle seule en comprend 4,500) et 1,500 ouvriers du bâtiment. En se basant sur les calculs les plus pessimistes, le chiffre des chômeurs sera au maximum de 20 % de l'ensemble des membres, et le contingent sera formé par 1,000 ouvriers du bâtiment (soit les 2/3) et 800 ouvriers de fabrique (soit le 10e). Quant à la durée moyenne du chômag , elle ne dépassera pas 67 jours. Il ne faut pas oub.ier, .n effet, que l'on ne prend en considération que les quato.ze premières semaines, et que les secours cessent après cette période. D'après ces données, les dépenses de la caisse s'élèveront à 176,100 fr.; d'autre part, les recettes atteindront la somme de 224,200 fr. et il y aura ainsi un excédent de 48,100 fr.

Les modifications introduites par la seconde Commission ont naturellement changé ces résultats. Ils restent pourtant presque aussi rassurants, car la diminution porte autant sur les dépenses que sur les recettes et, en outre, le nombre des assurés est sensiblement augmenté. Le rapport prévoit que ce nombre sera de 10,000, que la proportion des sans-travail sera de 18 °/o, et la durée du chômage de 56, 63, 70 jours suivant les catégories. Les indemnités sont ramenées à la somme de 136,846 fr. et les recettes provenant des ouvriers, des patrons et de l'Etat, à celle de 181,941 fr., soit un boni de 45,000 fr.

Grâce à cet excédent, il pourra être formé un fonds de réserve. Du jour où il aura atteint 200,000 fr., on diminuera les cotisations des assurés et des patrons, à moins qu'on ne préfère étendre davantage le domaine de l'assurance. Si, contre toutes prévisions, un déficit se produisait à la fin de l'année, on le couvrira tout d'abord par le fonds de réserve, et, en cas d'insuffisance, par une augmentation des primes et de la subvention. L'Etat n'est pas directement responsable des obligations de la caisse d'assurance : il se borne à lui faire les avances nécessaires contre un intérêt fixé.

VI. — Tel est, dans sa teneur actuelle, le projet soumis au grand Conseil du canton de Bâle-Ville. Il se distingue, à notre avis, par les qualités les plus sérieuses. En donnant à l'assurance un caractère obligatoire, et en restreignant l'obligation aux professions les plus menacées par le chômage, il est à la fois plus efficace que le système de Berne et plus équitable que celui de Saint-Gall.

En outre, à l'encontre de tous les systèmes pratiqués, il organise une institution vraiment digne du nom d'assurance. La caisse peut remplir ses obligations, sans avoir besoin de recourir à l'assistance des particuliers et de l'Etat. En effet, les dons et legs ne sont pas compris dans le budget, et la subvention de l'Etat, s'il ne survient pas de difficultés, doit servir uniquement à former un fonds de réserve : c'est donc avec les primes des ouvriers et des patrons qu'est effectué le payement des indemnités, et l'assistance, au lieu de jouer le rôle principal, est reléguée au second plan.

Toutefois, nous avouons que ce projet est encore loin de la perfection, et qu'il ne réalise pas l'idéal de justice que l'on peut concevoir. Sans doute, il s'en rapproche par la corrélation qu'il établit entre les risques et les primes, mais, de l'aveu même des rapporteurs, cette corrélation n'est pas absolument exacte.

M. Adler prévoit qu'il y aura trois ouvriers de fabrique en chômage pour vingt ouvriers du bâtiment; la seconde Commission déclare que la première catégorie d'assurés, dont nous connaissons la composition, fournit un revenu supérieur de près de moitié aux dépenses qu'elle cause, tandis que les deux autres groupes, pris à part, donnent, au contraire, un déficit.

A la différence qui existe entre les risques des diverses professions, ne correspond donc pas une différence suffisante entre les cotisations qu'elles doivent verser à la caisse; si l'on poussait dans ses dernières conséquences le principe de la proportionnalité des primes aux risques, l'ouvrier de fabrique payerait, non pas deux ou trois fois moins que l'ouvrier du bâtiment, mais six ou sept fois moins. Ainsi, le reproche que méritait le système de Saint-Gall, le projet de Bâle ne l'évite pas complètement. Pour certains membres de la caisse, la prime n'est pas seulement la contre-partie du risque assuré, de l'indemnité de chômage ; elle contient un second élément : l'assistance au profit d'autrui.

Remarquons cependant que les ouvriers du bâtiment, d'après les calculs de M. Adler, ne se trouveront qu'en nombre infime dans la classe des plus faibles salaires, et que les quatre cinquièmes entreront dans celle des salaires les plus élevés ; il résulte de là que ces ouvriers payeront toujours des cotisations importantes. Remarquons, en outre, qu'il sera possible, après la constitution d'un fonds de réserve, de diminuer encore les primes des ouvriers de fabrique, et d'établir un plus juste équilibre entre les professions. Nous ne pensons pas que ce défaut soit de nature à empêcher le vote du projet, la commission du grand Conseil semblant avoir fait toutes les modifications qui étaient susceptibles de l'atténuer.

Un vote favorable paraît d'autant plus certain, que les objections soulevées par le projet primitif n'ont plus de raison d'être. La Commission a, en effet, largement tenu compte des vœux qu'exprimaient les ouvriers et leurs représentants. Ils demandaient l'abaissement du taux des primes, la dispense des ouvriers déjà assurés à des caisses libres, l'extension de l'assurance aux ouvriers travaillant en dehors du canton et domiciliés à Bâle, l'attribution d'un secours en cas de lock-out patronal, l'élection de la Commission de surveillance par tous les assurés. Sur tous ces points, il leur a été accordé satisfaction.

Il ne reste donc que deux critiques adressées, au cours de la discussion du grand Conseil, par quelques membres de l'assemblée. A les en croire, l'assurance produirait des conséquences déplorables. D'abord, les patrons qui se croyaient obligés d'accorder à ceux des ouvriers qui chôment forcément une partie de l'année, des salaires élevés pendant la durée de leur travail, ou même de les garder avec un salaire réduit pendant les périodes du chômage, ne se gèneront plus, à l'avenir, pour mettre les ouvriers dont ils n'auront plus besoin à la charge de la caisse, ou pour réduire leur paie au moment de la bonne saison. Outre l'influence fâcheuse ainsi exercée sur le taux des salaires, l'assurance aura pour effet de retenir à Bâle, par la perspective des indemnités de chômage, des ouvriers de passage inoccupés, qui pourraient peut-être trouver du travail au dehors.

Ce sont, là, des objections qui portent sur le principe même de l'assurance obligatoire, plutôt que sur telle ou telle organisation de cette assurance. Le principe admis, il nous semble qu'il était difficile d'en faire une meilleure application, et il est à souhaiter que l'institution de Bâle entre bientôt en vigeur.

§ II. — LE PROJET DE ZURICH (1)

Le mouvement en faveur de l'assurance naquit, à Zurich, à la suite du développement du chômage dans les hivers rigoureux de 1892-93 et de 1893-94 où il fallut secourir 1652, puis 885 personnes appartenant

----

(1) Nous avons consulté à ce sujet, le rapport cité de Schindler-Huber, p. 14 et celui de Cürti, p. 62. L'administration de Zurich nous a envoyé tout le dossier relatif à la proposition.

en grande majorité à l'industrie du bâtiment, ou à la catégorie des ouvriers inqualifiés. Un premier projet, conçu sur le modèle de Berne, n'obtint aucun succès, et l'on revint au système d'assistance pratiqué depuis quelques années. L'idée, toutefois, ne fut pas abandonnée ; le 16 janvier 1895, le grand Conseil de ville chargeait le conseil administratif d'élaborer un projet d'assurance obligatoire.

Après de nombreux travaux préparatoires qu'il serait fastidieux d'énumérer, et qui consistaient notamment dans une enquête sur le chiffre probable d'adhérents, et sur l'opinion des intéressés, le Conseil adopta un projet de loi cantonale et un projet de règlement municipal qu'il présenta, le 13 octobre 1897, au grand Conseil. La Commission nommée par cette assemblée, pour étudier la question, remit son rapport le 5 avril 1898 et, très prochainement, le grand Conseil sera appelé à se prononcer.

D'après les renseignements que nous devons à l'obligeance du directeur du bureau de statistique, le sort de la proposition est encore bien incertain et, à supposer qu'elle soit admise dans sa forme actuelle, il faudra, avant de la mettre à exécution, qu'une loi cantonale accorde à la ville le droit d'introduire l'assurance obligatoire.

C'est, en effet, l'obligation qui est prise, jusqu'à présent, comme la base du système. De même qu'à Saint-Gall, la loi dont on demandera le vote aux législateurs du canton, autorise les communes politiques à englober de force dans l'institution tous les salariés, en laissant aux autorités communales, le soin d'établir les restritions qu'elles jugeront convenab'es.

Le règlement de Zurich décide, en conséquence, que

tous les salariés du sexe masculin qui résident dans la ville et y exercent une profession quelconque (industrie, fabrique, bâtiment, etc.), ainsi que les manœuvres et journaliers sont soumis à l'assurance, dès qu'ils ont atteint l'âge de 16 ans, et si leur salaire moyen ne dépasse pas 5 francs (1). Exception est faite pour les journaliers agricoles, pour les mineurs qui gagnent moins de 2 francs par jour, et les ouvriers affiliés à une caisse libre, à condition qu'elle leur accorde des indemnités suffisantes.

Ces dispositions, qui déterminent l'*étendue* de la caisse, nous les avons déjà rencontrées à Saint-Gall, mais la ressemblance n'est pas parfaite : au lieu de réunir les assurés dans une seule classe, ici, on les divise en deux groupes, suivant qu'ils appartiennent, ou non, à l'industrie du bâtiment, et l'on impose à chacune de ces catégories un tarif de cotisations spécial, où l'on tient compte de la différence des risques ; à salaire égal, l'ouvrier en bâtiment verse à la caisse deux fois plus qu'un autre ouvrier.

Tel est le caractère distinctif du système de Zurich. Comme on peut en juger, il tient le milieu entre les systèmes de Saint-Gall et de Bâle : à l'exemple du premier, il crée une assurance générale ; à l'exemple du second, il compense les variations du risque par l'inégalité des primes : le principe est nouveau.

Quant aux détails de l'organisation, nous les passerons brièvement en revue, car ils ne sont guère que la reproduction du projet bâlois.

Les recettes de la caisse comprennent d'abord

---

(1) Les ouvriers du bâtiment ne sont dispensés que si leur gain annuel est supérieur à 2,000 fr.

les cotisations hebdomadaires des assurés, ainsi fixées :

	1er groupe	2e groupe (ouvriers du bâtiment)
1re *classe* (salaire de 3 fr. et au-dessous)	0.10	0.20
2e *classe* (salaire de 3 à 4 fr.)..........	0.15	0.30
3e *classe* (salaire de 4 à 5 fr.)..........	0.20	0.45

De son côté, le patron verse 0.10 ou 0.30 par ouvrier assuré, d'après la distinction précédente ; c'est lui qui perçoit les primes des ouvriers qu'il emploie. La ville prend à sa charge les frais d'établissement et d'administration ; elle donne, en outre, une subvention qui s'élèvera à 70,000 fr. la première année, et correspondra, dans la suite, au cinquième des dépenses de l'exercice antérieur, avec un minimum de 30,000 fr. et un maximum de 70,000. A ces ressources, se joignent les subventions du canton, éventuellement de la Confération, et les dons et legs.

L'*indemnité* est accordée sous les conditions ordinaires ; comme à Bâle, les assurés y ont droit après une année d'affiliation, à moins qu'ils ne soient domiciliés dans la ville depuis plus d'un an : la période d'attente est alors réduite de moitié.

Le *taux* dépend de la classe de salaire (1) et de la situation de famille de l'assuré : s'il n'a pas de parents à entretenir, il reçoit 1 fr. 20, 1 fr. 40 ou 1 fr. 50 ; dans

---

(1) L'assuré qui, dans le cours des six mois qui précèdent le chômage a changé de classe, obtient l'indemnité afférente à la classe à laquelle il a appartenu le plus longtemps et, s'il est resté un temps égal dans deux classes, l'indemnité la plus élevée.

L'assuré qui, après avoir payé vingt-six cotisations, gagne un salaire supérieur à celui que prévoit le règlement, conserve ses droits pendant une année encore.

le cas contraire, 1 fr. 5o, 1 fr. 8o, 2 fr. 2o ; la somme d'argent peut être remplacée partiellement par un secours en nature.

La *durée* de l'indemnité est fixée à 75 jours au plus par exercice ; elle commence à partir du huitième jour de chômage. L'existence de gains accessoires, que l'assuré est obligé de signaler au directeur, entraîne une diminution de secours proportionnelle aux deux tiers du gain, dès qu'ils dépassent cinq francs ; au-dessous de ce chiffre, ils ne sont pas pris en considération.

Au sujet de l'indemnité, le Conseil de ville avait adopté une règle originale que la Commission n'a pas reproduite : elle consistait à décharger de la moitié de leurs cotisations les membres qui, pendant trois années consécutives, n'auraient fait aucun appel à la caisse et tant qu'ils n'auraient pas obtenu un secours.

L'*administration* de la caisse est confiée à un directeur nommé par le Conseil de ville et à une Commission de dix-sept membres, dont un choisi par les autorités, six élus par les patrons affiliés, et dix par les ouvriers.

Les excédents des recettes annuelles serviront à former un *fonds de réserve*, jusqu'à concurrence de 3oo,ooo francs. Du jour où il atteindra cette somme, le Conseil de ville proposera d'abaisser les cotisations, ou d'augmenter les indemnités. Le fonds de réserve est destiné également à combler les déficits ; s'il ne suffit pas, la caisse de ville fait les avances nécessaires.

Au projet de règlement dont nous venons d'exposer les dispositions essentielles, la Commission du grand Conseil a joint un état financier approximatif. Elle calcule que l'effectif des assurés s'élèvera à 2o,ooo. (14,ooo pour le premier groupe et 6,ooo pour le deuxième) ; les recettes provenant des cotisations donneront au total

386,812 fr. ; les indemnités, en prenant pour base une proportion moyenne de 20,5 % de chômeurs (soit 4,100 : 10 % dans le premier groupe et 45 % dans le deuxième), une période d'assistance de 60 jours, et une majorité d'hommes mariés, causeront une dépense de *417,480* fr., d'où un déficit de *30.668* fr. qui sera amplement couvert par les subventions de la ville, du canton et de l'Union.

A en juger par ces chiffres, la caisse de Zurich aurait une importance considérable, et laisserait loin derrière elle les institutions de même nature. Cette constatation aura peut-être pour effet de retarder le vote de la loi : il est naturel qu'on hésite avant de s'engager dans une expérience aussi grave, qui ne serait pas sans danger pour les finances publiques ; l'hésitation est d'autant plus légitime, qu'en définitive, le projet présenté repose sur un principe condamné par l'essai de Saint-Gall: celui de l'obligation étendue indistinctement à toutes les professions.

§ III. — LE PROJET DE LAUSANNE (1)

Avant même que la caisse de Berne eût commencé à fonctionner, certains membres du Conseil communal de Lausanne songèrent à établir une institution analogue; ils déposèrent, le 20 février 1893, une motion invitant la municipalité à présenter un rapport et des propositions sur la création d'une caisse d'assurance.

Une Commission fut nommée à l'effet d'étudier la

---

(1) V. Rapport de la Commission du Conseil communal au sujet de la motion de MM. Paccaud et consorts et *Bulletin municipal* (séance du 4 décembre 1893).

question ; elle remit, au mois de mai, son rapport où elle passe en revue les différentes institutions de placement,et analyse en quelques mots le système de Berne. Adoptant les conclusions qu'elle avait prises à l'unanimité, le Conseil renvoya la motion à la municipalité « avec pressante recommandation ».

Mais, la municipalité déclara, dans sa séance du 4 décembre, qu'elle n'était pas, malgré une étude approfondie, en mesure de soumettre des propositions formelles. Deux raisons s'y opposaient : la caisse de Berne n'avait pas encore donné de résultats précis, et il était difficile de dire si l'expérience avait réussi ou échoué ; d'autre part, la ville de Lausanne manquait d'un élément indispensable à toute tentative. « Nous avons expliqué, dit le rapport, qu'à la base de la caisse d'assurance, se trouvait un bureau de travail officiel ; ce bureau, nous espérions le voir s'organiser cette année, à Lausanne, au siège des prud'hommes. M. le greffier central des prud'hommes est prêt à en assumer les charges, s'il lui est donné un adjoint ou substitut, dont il a d'ailleurs besoin pour assurer la marche continue du greffe. Mais, le Conseil d'Etat n'ayant pas jusqu'ici accordé le substitut demandé, le bureau de travail n'a pu être établi, ce qui a écarté toute possibilité de créer en temps utile une caisse d'assurance pour l'année 1893-1894 ».

Nous ignorons si le conseil d'Etat a pris une autre attitude, et a fait droit à la demande du greffier, et si les quatre exercices de la caisse de Berne ont paru satisfaisants aux autorités de Lausanne ; toujours est-il que, depuis 1893, la question est restée à l'étude. M. le syndic, de qui nous tenons ce renseignement, ne nous dit pas que l'on doive de si tôt se départir de cette prudente réserve. L'administration a continué à employer les sans-travail durant l'hiver en faisant exécuter certains travaux de démolition et de terrassement.

A Genève, à Graubinden, à Schaffhausen, on en est encore aux recherches préparatoires.

§ IV. L'ASSURANCE CONTRE LE CHOMAGE ET LA CONFÉDÉRATION

En Suisse, la question de l'assurance contre le chômage n'a pas seulement attiré l'attention de certains conseils municipaux ou cantonaux ; les autorités fédérales s'en sont, elles aussi, occupées. Elles y furent entraînées par des circonstances assez curieuses. Le 29 août 1893, la Chancellerie fédérale était saisie d'une demande d'initiative signée de 52.387 citoyens suisses ; le parti de la démocratie sociale, mettant à exécution la décision prise, en 1891, au Congrès d'Olten, réclamait l'introduction dans la constitution d'un nouvel article, ainsi conçu :

« Le droit à un travail suffisamment rétribué est reconnu à chaque citoyen suisse. La législation fédérale, celle des cantons et des communes, doivent rendre ce droit effectif par tous les moyens possibles ».

On indiquait, parmi ces moyens, la réduction des heures de travail, dans le but de rendre le travail plus abondant ; la création de bourses du travail dirigées par les ouvriers et chargées du placement gratuit ; la protection légale contre les renvois injustifiés, etc., et, enfin, l'assurance. « Il y. a lieu d'assurer d'une façon suffisante les travailleurs contre les suites du chômage, soit par une assurance publique, soit en assurant les ouvriers à des institutions privées, à l'aide de ressources publiques ».

Le peuple suisse fut appelé à se prononcer sur cette proposition le 3 juin 1894 : il la repoussa par 308.289 voix contre 75.880 (1). Depuis 1877, aucun des projets soumis au peuple n'avait réuni un chiffre aussi faible d'adhérents (2). L'assemblée fédérale avait, elle-même, recommandé le rejet du projet.

Toutefois les prétentions des socialistes ne parurent pas toutes également injustifiées ; l'assemblée sut en dégager la réforme pratique qu'elles contenaient. Sa commission, en décidant le rejet de la demande d'initiative, avait proposé de charger le Conseil fédéral : 1º de présenter un rapport sur le point de savoir, si, et de quelle manière, les institutions créées par les cantons, les communes ou les unions pour combattre le chômage, et pour occuper et secourir les chômeurs involontaires devaient être subventionnées par la Confédération ; 2º de rechercher s'il n'était pas possible d'exiger de la Confédération une coopération plus active pour le placement gratuit, ainsi que pour l'assurance.

Conformément à ces vues, l'assemblée vota, en juin 1894, un vœu invitant le Conseil fédéral à lui soumettre, après étude, un rapport sur la question. A la même époque, le Conseil était saisi d'une pétition de l'Union Helvetia (corporation des employés d'hôtel) qui se rapportait à la réglementation des bureaux de placement.

---

(1) Le *Bull. de l'Office du Travail* indique à tort, croyons-nous, les chiffres de 292.000 et de 71.500.

(2) De plus, les 22 cantons se prononcèrent à l'unanimité contre le projet.

Le département fédéral de l'industrie et de l'agriculture commença sans tarder la mission qui lui était confiée. Il lui sembla que le meilleur moyen de la réaliser était de faire une vaste enquête, qui permît de connaître les tendances de l'opinion publique. Le 30 novembre 1894, il adressa à tous les gouvernements cantonaux, aux sociétés de commerçants et d'industriels, aux unions ouvrières, une circulaire, pour leur demander un rapport sur le double sujet du placement et de l'assurance. Il leur indiqua en même temps les points principaux sur lesquels devait porter leur examen.

Comme on peut en juger par le questionnaire envoyé à cet effet, il s'agissait de donner une solution à toutes les questions que soulève le problème du chômage.

1° Causes, étendue et durée du chomage. Professions qui en sont le plus atteintes. Rapport entre le nombre des ouvriers sans travail et celui des ouvriers occupés pour chaque profession. Pour connaître les besoins véritables, des renseignements statistiques seraient désirables. Faut-il, à défaut de ceux-ci, dresser une statistique fédérale ?

2° Existence, organisation, résultats des institutions fonctionnant en Suisse pour le placement public et pour la protection contre le chômage (y compris la prétendue assurance). Recettes, dépenses, projets présentés. Il nous serait agréable d'obtenir les imprimés qui fournissent là-dessus des explications.

3° Une participation de la Confédération à ces établissements est-elle désirable ou nécessaire ? Si oui, sous quelle forme et à quelles conditions ? Maximum de la subvention éventuelle par rapport aux contributions d'autre nature (des communes, des cantons, etc.). Surveillance: mesures pour assurer le contrôle et empêcher les abus.

4° Y a t-il lieu de créer un bureau central qui relie entre eux les divers bureaux de placement?

5° Rôle des associations professionnelles, des caisses de secours des unions ouvrières.

6° Traitement des étrangers.

7° Convient-il d'abandonner aux communes et aux cantons les organisations de placement et d'assurance, ou à la Confédération ? Règles à suivre pour ce dernier cas ; avances dans les périodes de crise.

8° Réglementation des bureaux privés de placement.

9° Compétence de la confédération pour une décision dans l'un ou dans l'autre sens. Une révision constitutionnelle serait elle éventuellement indispensable ?

En résumé, le gouvernement désirait savoir quelles solutions on avait apportées jusqu'alors au problème, et quelles réformes on devait leur faire subir à l'avenir.

Les réponses faites à la circulaire sont naturellement très variées ; d'une manière générale, la population agricole, qui forme la majorité du peuple suisse, s'oppose à la création de caisses d'assurance dont elle ne sent pas le besoin, et à l'octroi de subventions fédérales aux institutions existantes ; son avis l'emportera probablement sur l'avis contraire exprimé par plusieurs sociétés commerciales ou industrielles, et différentes unions ouvrières. En tout cas cette consultation nationale n'a pas abouti à un projet précis.

SECTION II

Les projets d'assurance en France.

Il ne semble pas qu'il se soit produit jusqu'à présent, en France, un vif mouvement en faveur de l'assurance contre le chômage; c'est d'ailleurs sans étonnement que nous faisons cette constatation. Notre pays, en effet, plus que tout autre, répugne à apporter la moindre restriction à la liberté de l'individu ; or, l'étude des expériences faites en Suisse, en Allemagne et en Italie nous a montré qu'il ne faut pas attendre des caisses facultatives un résultat bien appréciable et que l'on doive s'efforcer d'atteindre; seule, l'obligation imposée, sinon à toutes les professions, du moins à celles que le chômage menace plus directement, est capable de protéger d'une manière efficace la majorité des ouvriers sans travail.

De là vient, sans doute, l'hésitation du législateur et des pouvoirs publics : ils ne sauraient se laisser séduire par l'idée de garantir les ouvriers, de force et malgré eux, des conséquences du chômage involontaire, alors qu'ils se sont refusé définitivement à admettre le principe de l'obligation, dans une assurance qui est déjà établie sous cette forme par de nombreuses lois étrangères : l'assurance contre les accidents professionnels.

La loi du 9 avril 1898 (V. *J. O.*, 10 avril) a, en effet, laissé de côté le système de l'obligation. Le législateur a préféré s'en tenir au système, peut-être plus dangereux, de la garantie par l'État. Lorsque l'accident aura entraîné une incapacité permanente de travail, ou aura été suivi de mort, et que le débiteur de l'indemnité (chef d'entreprise, société d'assurance, syndicat de garantie) ne se sera pas acquitté de l'indemnité mise à sa charge, le payement en sera assuré aux intéressés par les soins de la Caisse nationale des retraites pour la vieillesse. Elle disposera dans ce but d'un fonds spécial de garantie, constitué par une majoration de la contribution des patentes pour les industriels englobés dans la nouvelle loi. La caisse exercera un recours contre les chefs d'entreprise, pour le compte desquels des sommes auront été payées. L'assurance obligatoire a donc le privilège d'effaroucher le législateur français, et ces deux mots risquent fort de rester, dans le code, aussi éloignés l'un de l'autre qu'ils le sont dans le dictionnaire.

I. — Toutefois la question a été posée devant le Parlement : depuis le 28 janvier 1895, la Chambre des Députés est saisie d'une proposition due à l'initiative de M. Jouffray(1), et qui a pour objet l'organisation de l'assurance obligatoire contre le chômage. L'examen en a été confié à la Commission d'assurance et de prévoyance sociales ; mais celle-ci n'a pas encore publié son rapport. C'est donc une appréciation toute personnelle que nous sommes obligé de formuler, puisque nous ne connaissons pas les motifs qui pousseront la Commission à se prononcer dans un sens ou dans l'autre ; nous essayerons de donner quelque poids à nos remarques, en nous aidant des résultats des systèmes mis en pratique, et des conclusions que nous en avons dégagées ; M. Jouffray nous dit, d'ailleurs, dans l'exposé des motifs, que sa proposition est entièrement inspirée de la loi de Saint-Gall et du projet de Bâle.

______

(1) V. *J. Of.* Doc. parl., 1895, n° 1142, p. 127.

On verra, par l'analyse du plan dont M. Jouffray demande la réalisation, comment il a combiné les deux systèmes.

« Les communes, dit l'article 1er, sont autorisées à réunir les travailleurs français des deux sexes, âgés d'au moins 15 ans, ayant acquis leur domicile de secours, gagnant plus de 2.000 francs par an et, non affiliés à une société non autorisée leur garantissant une indemnité équivalente, en une assurance mutuelle contre les risques du chômage involontaire. — Art. 2. « Plusieurs communes peuvent contracter une union temporaire dans ce but ». L'assurance est donc générale, mais une distinction est faite entre les membres, suivant un mode qu'indique l'art. 3 : « Les assurés sont répartis en deux catégories : 1° les ouvriers travaillant dans des usines, fabriques, boutiques, magasins, etc, pour lesquels le chômage n'a pas un caractère pour ainsi dire périodique et annuel ; 2° les ouvriers terrassiers, du bâtiment, de l'agriculture, etc, pour lesquels le chômage est surtout une conséquence des saisons et de la nature même du métier exercé. » Dans l'intérieur de chaque groupe, le salaire sert de base à une nouvelle répartition. — Art. 4 : « Chaque catégorie est divisée en trois classes : la première comprend les ouvriers dont le salaire ne dépasse pas 2 fr. 50 par jour, ou 15 francs par semaine ; la deuxième comprend les ouvriers dont le salaire ne dépasse pas 4 francs par jour, ou 24 francs par semaine ; la troisième, les ouvriers dont le salaire est supérieur à 24 francs.

La *composition* des caisses d'assurance étant ainsi déterminée, M. Jouffray arrive à la fixation de leurs *ressources*. Elles sont constituées : 1° par les primes des ouvriers assurés et les contributions des patrons ; 2°

par les subventions de la commune ou des communes intéressées, du département et de l'Etat. La caisse peut également recevoir des dons et des legs (art. 5). Sans se préoccuper davantage des deux dernières sources de recettes, l'auteur de la proposition se borne à établir le taux maximum des primes payées par les ouvriers et les patrons. Les premières varient, d'après la catégorie et la classe auxquelles appartiennent les assurés, entre 0 fr. 15 et 0 fr. 40 par semaine ; quant à la cotisation des patrons, « elle ne peut être supérieure à 0 fr. 10 par assuré occupé pour la première catégorie, et à 0 fr. 15 pour la seconde. Elle n'est point due pour les journaliers faisant un travail de moins d'une semaine de durée » (art. 6 et 7).

Passons à la question importante des *indemnités* : quels en sont la durée et le taux, à quelles conditions sont-elles subordonnées ? « L'assuré, dit l'art. 8, a droit à l'indemnité s'il a fait des versements à la caisse depuis huit mois au moins ».—Art. 9 : « L'indemnité n'est payée que pendant soixante-quinze jours par an, au maximum, et ne s'applique pas aux dimanches, non plus qu'à un chômage unique de moins d'une semaine en un trimestre. Elle ne peut-être inférieure à 1 franc, ni supérieure à 2 fr. 50 ; elle est toujours calculée d'après les charges de famille ». —Art. 10 : « Les cas dans lesquels l'assuré perd son droit à l'indemnité sont les suivants : 1° lorsqu'il a abandonné volontairement son emploi ; 2° lorsqu'il a été congédié à la suite d'une grève ou pour une faute reconnue ; 3° lorsque le chômage ayant été causé par la maladie ou un accident, il reçoit une indemnité d'une autre caisse ; 4° lorsqu'il a refusé sans motif sérieux un travail pour lequel il lui était offert le salaire usuel. »

Les derniers articles sont relatifs à l'*administration,*

et à la *formation des statuts.* Art. 11 : « Les statuts des caisses d'assurances communales sont élaborés par les conseils municipaux intéressés, conformément aux principes ci-posés, et sont soumis à l'approbation de l'autorité supérieure. Ils peuvent être modifiés suivant les besoins, sous réserve d'approbation nouvelle ». — Art. 12 : « L'administration desdites caisses se pratique sous le contrôle de l'État, aux frais de la commune ou de l'union des communes, par un conseil de sept membres au moins, comportant une représentation des assurés régulièrement élue, et proportionnelle à leur part contributive totale. Les autres membres sont nommés par le préfet, ainsi que le secrétaire-trésorier. Les fonctions de membre du conseil sont gratuites. Un bureau de placement gratuit est annexé à chaque caisse ».

2. M. Jouffray donne, dans un exposé des motifs, les arguments qui justifient, selon lui, la création de l'assurance et son organisation d'après les principes que nous venons d'indiquer. « Les économistes orthodoxes, dit-il, ne conçoivent l'être collectif qui se nomme l'État, que comme un entrepreneur de sécurité, à la fois soldat, gendarme, juge et geôlier. Pour eux, comme pour Darwin, la lutte pour l'existence, la survivance du plus fort sont la loi même du progrès... Cette façon de concevoir le rôle de l'État manque, selon nous, de grandeur et de noblesse, et découle d'une notion inexacte du but, que les sociétés poursuivent de plus en plus, à mesure que se dégage la civilisation. Or, ce but, c'est non seulement de diminuer pour chacun l'âpreté du combat de la vie, mais surtout d'assurer le progrès moral par l'aide mutuelle de tous les citoyens et la protection du malheureux et du faible. Tel est le sentiment qui nous a

conduit à réclamer une pension de retraite pour les invalides du travail, et tous ceux qui, n'ayant point démérité, sont incapables de subvenir à l'entretien de leur existence. Tel est le sentiment qui prévaut chez le vaillant peuple suisse ».

M. Jouffray rappelle les expériences entreprises ou projetées en Suisse, puis il montre que le chômage tend à devenir un mal inévitable et cruel et que, par suite, c'est un devoir pour le législateur de prévenir, dans la mesure du possible, les conséquences les plus douloureuses de ce fléau redoutable : le seul moyen juste et pratique qui soit à sa disposition est l'assurance.

Cette assurance doit être obligatoire, dans certaines limites, parce que l'obligation entraîne avec elle le nombre des adhérents. Quant aux résistances qu'elle pourrait soulever au point de vue d'une prétendue justice et d'une prétendue liberté, M. Jouffray pense que les sentiments de solidarité les feront disparaître.

La question financière lui inspire quelques réflexions dont on ne saurait nier la justesse. Les caisses seront alimentées : 1° par les contributions des intéressés directs ; 2° par les subventions des intéressés indirects : Les premiers sont les ouvriers et les patrons. « Pour l'ouvrier, pas de doute. Convertir un risque possible et d'une gravité considérable, en un sacrifice régulier, léger en proportion, s'accomplissant sans effort, est une opération entrée dans les mœurs depuis longtemps, et dont l'assurance contre l'incendie est l'exemple le plus saisissant. L'intérêt patronal apparaît moins nettement à certains esprits. Il est, cependant, très réel et très précis, car tout propriétaire d'usine, tout entrepreneur ne peut que gagner à ce que des chômages répétés ou prolongés ne diminuent pas la quantité de travail offert, en causant soit l'abandon de leur industrie, soit l'exode des travailleurs. Du reste, le patron proprement dit ne profite-t-il pas des tarifs de douanes qui lui permettent de tenir ses prix plus élevés, de modifier plus rapidement son outillage mécanique, si bien qu'il contribue lui-même à déterminer le chômage sans en subir les conséquences ? Dès lors, est-il rien de plus juste que le prélèvement, sur son gain, d'une modeste contribution, avantageuse pour lui par les effets qu'elle tend à produire ? »

M. Jouffray n'est pas plus embarrassé pour expliquer la légitimité des subventions des communes, des départements et de l'Etat. Elle résulte, paraît-il, du principe même du contrat social, tel qu'il est compris de nos jours, plus encore que d'une raison de paix publique; en outre, beaucoup de communes industrielles, loin d'être obligées de consentir une dépense nouvelle, verront, au contraire, leurs finances dégagées par une création qui les dispensera de lourds sacrifices, dans les circonstances les plus imprévues et les plus critiques.

3. — Que devons-nous penser de cette proposition ? L'auteur lui-même ne s'est pas dissimulé l'insuffisance de son projet et, dans le dernier article (art. 13), il dit « qu'un règlement d'administration publique fixera les conditions dans lesquelles la loi devra fonctionner, afin d'éviter les fausses interprétations et les lacunes » (1).

---

(1) Ne soyons pas injuste envers M. Jouffray et tenons-lui plutôt compte de sa réserve. Il ne faut, pour compléter sa proposition, qu'un règlement d'administration publique. La loi récente sur les accidents professionnels, n'en demande, à elle seule, pas moins de six, sans compter deux arrêtés ministériels : Règlement pour déterminer les con

Un tel aveu arrête la critique; pourquoi, en effet, reprocher à l'auteur de n'être pas entré dans les détails de l'organisation, alors qu'il déclare lui-même que son but était d'en poser simplement les principes? Il est, toutefois, des points qu'il était utile, selon nous, de fixer dans la loi, sans attendre une règlementation par décret. Par crainte de paraître prolixe, M. Jouffray nous semble être tombé, à plusieurs reprises, dans le défaut contraire. C'est ainsi qu'après avoir indiqué les règles que l'on devra suivre pour le tarif des cotisations, il se borne à établir le taux minimum et maximum de l'indemnité. Nous savons que l'indemnité est toujours calculée d'après les charges de famille; mais nous ignorons si elle n'est pas aussi en corrélation avec le taux des primes, et n'est pas, par exemple, moins élevée pour celui qui donne o fr. 15 à la caisse, que pour celui qui y verse o fr. 40 par semaine. Ce dernier reçoit-il une compensation, ou est-il soumis au même traitement que les autres ? Telle est la question dont nous aurions aimé trouver la solution dans la loi.

Il en est d'aussi importantes qui restent également sans réponse. Du caractère obligatoire, il n'est pas dit

---

ditions d'organisation et de fonctionnement du service conféré à la caisse nationale des retraites ; — règlement pour déterminer les conditions dans lesquelles les Compagnies d'assurance devront constituer des réserves ou cautionements; — règlement pour déterminer les conditions de la création et du fonctionnement des syndicats de garantie ; — règlement pour déterminer les conditions moyennant lesquelles le chef d'entreprise ou ses ayants-droit, en cas de cessation de l'industrie, peuvent être dispensés de verser le capital représentatif des pensions ; — décret pour fixer les émoluments des greffiers; — règlement pour appliquer la loi à l'Algérie et aux colonies. Souhaitons que ce procédé ne devienne pas systématique, et que le législateur remplisse sa mission, au lieu de la confier au gouvernement.

un mot, sauf-dans l'intitulé. Comment sera-t-il imposé ? Quelle sanction comportera-t-il ? Fera-t-on du refus d'inscription et du refus de paiement de nouveaux délits, punis d'une amende ou d'un emprisonnement ? Chargera-t-on le patron de faire inscrire les ouvriers qu'il emploie et de prélever sur leur salaire, le montant des primes ? M. Jouffray nous laisse le soin de choisir entre les deux systèmes, sans nous révéler ses préférences personnelles.

Qu'il laisse de côté les moyens de contrôle qui permettront de découvrir la fraude, la lacune n'a pas de gravité ; mais pourquoi cette brièveté sur les subventions de la commune, des départements et de l'Etat ? N'était-il pas nécessaire de nous dire dans quelle proportion elles contribueraient à former les ressources de la caisse ? Ne fallait-il pas songer, en outre, au cas malheureux, mais toujours à craindre, où la caisse se trouverait en déficit, et déterminer les procédés qui seraient mis en œuvre pour le combler ? *De minimis non curat pretor*. M. Jouffray a appliqué la maxime, mais il a considéré comme des détails ce qui constituait, en réalité, des principes.

Au moins rachète-t-il son silence par la supériorité du système dont il trace les grandes lignes ? Nous ne le pensons pas et, après avoir signalé des lacunes, nous sommes obligé de constater une erreur fondamentale.

L'étude de l'expérience saint-galloise nous a montré que l'assurance générale, étendue indistinctement à toutes les professions, est fatalement fondée sur l'injustice, puisqu'elle groupe des individus soumis aux chances les plus diverses, et aboutit à faire entretenir certains ouvriers, toujours les mêmes, par la foule des travailleurs que le chômage épargne. M. Jouffray a cru parer

à cet inconvénient en distinguant deux catégories d'assurés comprenant, l'une les professions les moins
menacées, l'autre les professions qui fournissent le
plus grand nombre de chômeurs, et en faisant varier
la cotisation suivant la catégorie à laquelle appartient
'assuré.

Il y a, dans cette disposition, un progrès incontestable sur les statuts de Saint-Gall, qui faisaient dépen-
dre le taux de la cotisation uniquement du taux du
salaire, et non de la différence des risques.

Nous ne pouvons, cependant, l'adopter, et pour deux
raisons. D'abord, on conçoit difficilement que la loi
oblige des ouvriers à s'assurer contre un risque qui ne
présente, à leur égard, aucune gravité et apporte, sans
motif suffisant, une pareille restriction au principe de la
liberté. En second lieu, à supposer même que l'on doive
entrer dans cette voie, encore faudrait-il que la différence qui existe entre les professions, au point de vue
du risque, différence qui serait indiquée par des statistiques nombreuses et dignes de foi, trouve son corollaire dans le tarif des cotisations, et qu'à des risques
inégaux correspondent des primes d'importance iné-
gale.

Que fait M. Jouffray ? Il fixe, pour la première catégorie d'assurés, une cotisation qui est, suivant la classe
des salaires, des 3/4, des 5/6, ou des 7/8 de la cotisation établie pour la deuxième catégorie. Est-ce donc
que celle-là fournira trois, cinq, sept chômeurs, alors
que, dans le même intervalle, celle-ci en fournira quatre, six ou huit ? La statistique donne une réponse
absolument négative. A Saint-Gall, par exemple, le
nombre des maçons sans travail s'est trouvé, la première
année, quinze fois, la deuxième année, dix-neuf fois

plus fort que le nombre des bouchers inoccupés, pour un chiffre de membres supérieur seulement d'un quart.

L'injustice, pour être moindre, n'est-elle pas encore très réelle, et l'institution, organisée sur cette base, pourra-t-elle résister aux critiques légitimes que lui adressera une partie de la classe ouvrière ? Ne regardera-t-elle pas comme une compensation illusoire cette réduction de cinq centimes qu'on lui accorde sur le prix des cotisations ?

En résumé, M. Jouffray a cherché la solution du problème dans une combinaison des systèmes de Saint-Gall et de Bâle-Ville (1) : à l'un il a emprunté le principe de l'obligation générale, à l'autre le principe de la division des assurés ; il n'a pas vu qu'il était impossible de concilier deux organisations aussi différentes, et qu'en donnant plus d'étendue aux catégories d'ouvriers établies par le projet de Bâle, il ruinait toute l'économie de ce projet qui se propose, nous l'avons dit, de restreindre l'obligation aux victimes ordinaires du chômage. C'est cette erreur qui, à notre avis, constitue le plus grave défaut de la proposition soumise à la Chambre, dans la dernière législature, et elle est de nature à nous faire souhaiter que le législateur refuse de l'accepter, malgré les arguments invoqués à son appui par M. Jouffray.

II. — La question de l'assurance ne s'est pas posée seulement devant la Chambre. Depuis le début de l'année 1895, le Conseil supérieur du Travail l'a inscrite à

---

(1) M. Jouffray cherche si bien à concilier les deux systèmes que, par exemple, en ce qui concerne la durée de l'indemnité, il l'obtient en divisant par deux les chiffres établis par le projet de Bâle et la loi saint-galloise :

$$(60 + 90 = \frac{150}{2} = 75.$$

son ordre du jour. Dans sa cinquième session (mars 1895) il décida, après une courte discussion, de la renvoyer à la Commission permanente, en la chargeant, d'une manière générale, d'étudier les mesures propres à atténuer les effets du chômage.

Sur la demande de la Commission, l'Office du Travail réunit une série de documents comprenant les six notes suivantes : 1º l'assurance mutuelle officielle contre le chômage ; 2º les caisses de secours organisées par les syndicats ouvriers ; 3º les travaux de secours ; 4º les sociétés privées d'assistance par le travail ; 5º la statistique du chômage ; 6º ses causes. Munie de cette enquête, qui lui révélait l'état de la question, tant en France qu'à l'étranger, la Commission commença ses opérations par l'examen des différentes causes qui engendrent le chômage, et confia à une sous-Commission le soin d'en effectuer la classification ; elle passa ensuite à l'étude des remèdes, et enfin des réformes légales destinées à faciliter la création des caisses de chômage. Ces recherches aboutirent à un rapport, sur lequel le Conseil supérieur eut à se prononcer à la fin de 1896. Sauf en ce qui concerne les travaux de secours entrepris par les municipalités, aucune résolution ne fut prise. Les autres faces du problème devront faire l'objet d'une étude ultérieure et approfondie (1).

Quels seront les résultats des délibérations du Conseil supérieur ? Il est impossible actuellement de se prononcer sur ce point ; peut-être conclura-t-il à la nécessité d'établir l'assurance et de présenter au Parlement un projet de loi qui fixe les bases de son organisa-

---

(1) V. *Bull. Offic. Trav.*, nᵒˢ avril 1895, décembre 1895 et janvier 1897.

tion ; peut-être renoncera-t-il à suivre l'exemple de la Suisse et à faire l'expérience de ce nouveau procédé ; en tout cas, le premier pas est fait : l'attention des pouvoirs publics a été attirée sur les tentatives d'assurance, et elles lui ont paru dignes d'être étudiées avec le plus grand soin. Nous ne pouvions souhaiter davantage.

SECTION III.

Les projets d'assurance en Allemagne

M. Adler, dans le *Dictionnaire des Sciences sociales,* consacre une partie de son article sur le chômage (1) au mouvement de réforme qui s'est produit depuis 1895 en Allemagne, en faveur de l'assurance. A l'en croire, le projet de Bâle aurait soulevé un mouvement puissant, « qui devient chaque jour de plus en plus fort, entraîne les partis les uns après les autres, et conduira sûrement à d'importantes créations positives ». Tout en reconnaissant que cette affirmation est certainement exagérée, nous devons avouer qu'elle n'est pas dénuée de fondement : la preuve en est dans les discussions dont l'assurance a fait l'objet au cours de ces dernières années, et dans l'attitude observée à son égard par les divers partis politiques. Nous n'avons pas, sur ce point, que le témoignage de M. Adler ; M. Schanz nous donne, de son côté, les renseignements les plus complets sur l'état actuel de la question (2).

---

(1) *Abdruck aus dem Handwörterbuch der Staatswissenschaften.* II Supplementband.

(2) *Neue Beiträge zur Frage der Arbeitslosenversicherung,* p. 142 et s.

Dans son assemblée de 1895, tenue à Munich, le parti populaire allemand, élaborant son nouveau programme, adoptait l'article suivant : « demandé de l'assurance contre le chômage involontaire sur le principe communal, et en union avec les institutions de / placement. Le comité décida de mettre la question, encore trop peu étudiée, à l'ordre du jour de la prochaine assemblée, et de choisir comme rapporteur M. Sonnemann, le chef du parti.

Ce dernier développa, à l'assemblée d'Ulm (18 octobre 1896), les bases d'une loi d'Empire sur l'assurance communale, et soutint énergiquement son projet. Il montra surtout que les ouvriers, les communes, l'empire lui-même étaient intéressés à son adoption, et que beaucoup de patrons n'y étaient pas opposés. Mais d'autres orateurs se prononcèrent contre l'assurance ; M. Hausmann, notamment, prétendit que dans le Wurtemberg, les neuf dixièmes des patrons et des ouvriers étaient les adversaires déclarés de cette institution et que, d'ailleurs, si on avait ajouté au programme le passage relatif à l'assurance, c'était après avoir rayé le mot obligatoire. Ces arguments empêchèrent l'assemblée de prendre une décision définitive ; elle se contenta de renvoyer la proposition du rapporteur à une Commission de sept membres, en le chargeant d'en faire un examen approfondi et de présenter, s'il y avait lieu, un projet de loi, qui serait soumis au Reichstag. La commission, à notre connaissance, n'a pas encore achevé son travail, mais il est possible que d'ici à peu de temps, le Reichstag soit appelé, comme en France la Chambre des Députés, à introduire dans l'Empire l'assurance obligatoire contre le chômage : aussi croyons-nous utile d'exposer brièvement les idées de M. Sonnemann (1).

Son système offre la plus grande analogie avec celui de M. Jouffray. Il consiste, en effet, dans la création de caisses communales, où devront entrer les ouvriers de toute profession, dont le salaire annuel est inférieur à 200 marks, et qui ne jouissent pas, en qualité de membres d'une caisse libre, d'une protection équivalente à celle que leur fournit la caisse officielle. Les règles que M. Jouffray établissait pour la répartition des assurés, à la fois d'après la nature de la profession et l'importance du salaire, pour le tarif des cotisations soit des patrons, soit des ouvriers, pour les conditions, le taux et la durée des indemnités, sont entièrement reproduites dans la proposition de M. Sonnemann.

Les deux projets ne sont pourtant pas absolument identiques, et il existe, entre eux, sur tous les points, des différences parfois considérables. C'est ainsi que M. Sonnemann demande que les communes, pour être autorisées à créer l'assurance, aient au moins dix mille habitants, et laisse aux statuts le soin de décider l'admission facultative ou obligatoire des femmes.

En ce qui concerne les recettes, il exige des ouvriers exposés au chômage périodique des cotisations beaucoup plus élevées (25, 35, 50 pfennigs au lieu de 20, 30, 40 centimes) ; en outre, il ne se borne pas à indiquer, parmi les ressources de la caisse, la subvention de la commune et des Etats particuliers, il en fixe le montant : celle-là ne pourra dépasser, par an, trois marks par assuré de la première classe, et quatre marks et demi par assuré de la deuxième classe ; celle-ci sera, au maximum, égale au quart de la contribution communale.

---

(1) V. sa proposit. dans l'ouvr. de Schanz, p. 144.

Une affiliation de vingt-six semaines suffit à donner naissance aux droits de l'assuré (au lieu de 8 mois), et ces droits sont plus étendus : si, en effet, le sans-travail accepte une place en dehors de la circonscription où fonctionne l'assurance, il obtient un secours de route.

M. Jouffray n'avait pas prévu cette dépense ; il avait laissé aussi de côté le procédé de recouvrement que la caisse devait employer : ici il est admis que le patron percevra lui-même les cotisations, au moyen de retenues pratiquées sur le salaire.

Quant à l'administration, elle comprend deux organes : un directeur nommé pour six ans par les autorités de la ville, et une Commission, composée de six à douze membres, où les patrons et les ouvriers astreints à l'assurance ont un nombre égal de représentants. Leur nomination dépend, non des assurés, mais des juges du tribunal industriel le plus proche.

Il est incontestable, qu'à beaucoup d'égards, la proposition de M. Sonnemann ne mérite pas les reproches que nous adressions à celle de M. Jouffray ; elle n'offre pas autant de lacunes, et donne une solution à la plupart des difficultés qui peuvent se présenter. Cependant elle n'a pas trouvé grâce devant M. Schanz.

Il se plaint d'abord qu'on n'ait pas déterminé la condition de l'obligation : faut-il être domicilié dans la commune ou suffit-il d'y être occupé ? Il voudrait, de plus, qu'aucune indemnité ne fût accordée pour les premiers jours de chômage ; que les étrangers ne fussent pas mis sur le même pied que les ouvriers établis. Il trouve que le minimum du secours est trop élevé dans les petites villes, et est de nature à produire des abus ; il estime que l'État, du moment qu'il fournit une subvention, devrait participer à l'administration, et que les ouvriers devraient former la majorité de la comm'ssion, puisqu'ils supportent la plus grande partie des charges. « Comme on le voit, conclut M. Schanz, les principes sont très défectueux, et tous ont besoin d'une amélioration sérieuse, même si l'on reste sur le terrain de l'assurance obligatoire ». Pour nous, le défaut principal du projet est de donner trop d'étendue à l'assurance : nous avons déjà remarqué plus d'une fois qu'un système englobant tous les ouvriers, est nécessairement injuste.

Le projet de M. Sonnnemann, bien que l'assemblée du parti populaire n'y ait pas encore adhéré, constitue la manifestation la plus importante en faveur de l'assurance.

Les autres partis ne sont pas allés aussi loin dans cette voie. Il convient, toutefois, de noter la désision prise, en 1895, par le parti de la réforme sociale (antisémite) : « L'assemblée prie le comité d'avoir continuellement en vue l'assurance contre le chòmage involontaire, comme un but digne de tous les efforts et, spécialement, d'observer les résultats des expériences entreprises dans ce sens par quelques communes ; de rendre accessibles à la discussion publique, par l'intermédiaire de la presse, les documents que réunira la commission. Il faut tenir pour établi, que le réglement de cette question ne peut se faire, que si on la rattache à celle du placement, et à la réforme des lois actuelles sur les assurances ouvrières ».

L'année précédente, à Cologne, l'assemblée générale des catholiques allemands avait déclaré à l'unanimité que l'assurance des chômeurs, c'est-à-dire la sollicitude témoignée, par un mode différent de l'assistance, aux ouvriers qui deviennent inoccupés sans leur faute, est un des devoirs les plus pressants de la société.

Il semble qu'une évolution se soit produite même chez certains membres du parti socialiste. M. Adler constate avec joie que Karl Kautsky ne parle plus aujourd'hui comme en 1884. A cette époque, il n'avait trouvé d'autre moyen de combattre le chômage, que la réduction de la journée de travail à huit heures. Récemment, il écrivait : « L'assurance contre le chômage n'est guère qu'une modification de l'assistance publique, mais elle n'est pas pourtant méprisable. L'assistance, telle qu'elle est organisée, est toujours insuffisante et toujours dégradante ; elle est en contradition avec le nouvel esprit du prolétariat. Celui-ci ne veut pas l'aumône, mais des droits. L'assurance offre un moyen d'arriver à un système conforme à ce sentiment moderne : elle n'humilie pas, elle est indépendante de la politique, elle protège la meilleure partie du prolétariat, sinon contre la nécessité et la misère, du moins contre le désespoir et la perte de l'estime pour soi-même. C'est, je crois, le point qui peut nous rendre sympathique l'idée de l'assurance. Mais il n'est pas encore dit qu'elle appartienne à ces questions qui nous sont tant à cœur ».

Si les socialistes admettent, jusqu'à un certain degré, l'utilité de l'assurance, ils n'acceptent à aucun prix qu'on lui donne un caractère obligatoire, et qu'on en confie le fonctionnement à l'Etat. En 1894, deux propositions conçues dans ce sens furent présentées au Congrès des Syndicats : il eut vite fait de les repousser. « Que dire de l'assurance-chômage par l'Etat, écrit Parvus ? C'est une pensée comique, qui ne peut naître que de la sottise bourgeoise du régime capitaliste ».

Quoi qu'il en soit, un mouvement commence à se manifester, en Allemagne, autour de la question qui nous occupe. Il est loin, sans doute, d'atteindre le développement que M. Adler a voulu lui reconnaître : il n'a abouti encore qu'à des vœux et à des motions assez vagues ;. il n'est pas résulté. des discussions auxquelles se sont livrés les partis politiques, le vote d'un projet précis et définitif. Cependant le problème est posé depuis deux ou trois ans, et on en a cherché avec ardeur la solution. Ces recherches continueront certainement et bientôt, peut-être, le gouvernement impérial mettra à profit les résultats statistiques que lui ont fournis les deux enquêtes de 1895, et songera à appliquer ce nouveau remède au mal qui lui est maintenant connu.

SECTION IV

Les projets d'assurance en Belgique.

LE PROJET DE GAND.

Dans le cours de l'année 1897, le Conseil communal de Gand était saisi d'une proposition d'assurance contre le chômage. Les auteurs du projet, soucieux de ménager tous les intérêts, s'étaient ralliés à un système mixte. Plusieurs syndicats avaient déjà organisé l'assurance. Ils devaient, et de même ceux qui suivraient leur exemple, recevoir une subvention communale. Quant aux ouvriers indépendants, ils pourraient s'affilier à une caisse supplémentaire, créée également par la commune. Celle-ci aurait ainsi à fournir, au moins pendant les premières années, un subside annuel de 25.000 francs. L'administration ne voulut pas s'engager dans cette voie, avant de connaître exactement les conditions du

chômage dans les divers métiers, et de s'être assurée
des chances du succès qu'obtiendrait, auprès de la
classe ouvrière, une caisse spéciale. Dans ce but, elle
décida d'envoyer à toutes les associations professionnelles, des questionnaires destinés à la renseigner sur le
premier point, et chargea, en même temps, la police
d'interroger les intéressés sur leurs désirs de participer
à une caisse de chômage (1).

Désirant savoir quels résultats avaient produits ces
enquêtes, et à quel point en était le projet d'assurance,
nous nous sommes adressé au bourgmestre de la ville.
Nous nous contenterons de reproduire la réponse qui
nous a été faite, le 11 février 1898 : elle nous indique
nettement l'état actuel de la question. « Certains membres socialistes de notre conseil communal, nous écrit
M. Marc Baertsoen, échevin du contentieux, ont prié
le collège des Bourgmestres et Echevins d'étudier
l'organisation de l'assurance contre le chômage en
notre ville. J'ai été chargé de cette étude. J'ai écrit aux
diverses villes de Suisse et d'Allemagne qui ont organisé cette assurance, pour leur demander les documents
nécessaires ; j'ai écrit également à Paris pour obtenir
le bulletin de l'Office du Travail de France. Ces pièces
m'ont été gracieusement envoyées, mais, après les avoir
examinées, et avoir comparé les organisations existantes
à celle qu'on nous demandait d'ériger ici, j'ai conclu
à l'impossibilité absolue d'arriver à un résultat pratique
et sérieux, et j'ai fait un rapport en ce sens au collège
échevinal. Celui-ci a décidé, en conséquence, de ne pas
donner suite à l'idée émise et, jusqu'ici, la question n'a plus

____

(1) V. *Bull. Off. Trav.*, n° septembre 1897.

été soulevée au conseil communal. Nous nous sommes
donc bornés à faire une simple étude de la question,
mais nous n'avons en préparation aucun projet. Gand
est une grande ville industrielle ; nous avons une population manufacturière considérable (5o à 60,000
ouvriers) qui ne souffrent nullement d'un chômage périodique, et la population ouvrière du bâtiment, la seule
qui souffre de la morte-saison, est insignifiante ; la
plupart des ouvriers du bâtiment, maçons, etc, habitent
des communes suburbaines. La proposition a surgi,
l'hiver dernier, pendant les quelques semaines de froid
que nous avons eues. Comme l'hiver actuel a été particulièrement doux, il n'en a plus été question depuis un
an. Le projet reviendra un jour, assurément, mais,
je le répète, l'organisation d'une caisse d'assurance
communale ne me paraît pas pratique ».

LE PROJET DE BRUXELLES.

Plusieurs années avant que la ville de Gand ne son-
geât à l'assurance, la question s'était posée à Bruxelles,
mais aucune solution n'est encore intervenue. Le 21
mai 1893, le comité de patronage des habitations
ouvrières adressait au collège échevinal, un rapport
concluant à la création d'une caisse d'assurance contre
le chômage, analogue à celle que Berne venait d'établir. Les ouvriers sans travail, consultés sur l'opportunité d'une pareille mesure, promirent en grande majorité (70 %) leur adhésion. On pouvait donc à bon
droit compter sur un succès. Pourtant le collège échevinal crut devoir rejeter le projet : deux raisons déter-
minèrent sa décision. En premier lieu, la caisse, étant
donné les nombreuses causes de chômage, ne serait

qu'un palliatif insuffisant; d'autre part, tant que les communes suburbaines et les principales villes du pays n'auraient pas adopté le système, les chômeurs se rendraient en foule à Bruxelles, pour profiter de la situation privilégiée qui leur serait faite. D'après des renseignements que nous devons à l'administration de Bruxelles, le projet n'est cependant pas complètement abandonné. La conférence des bourgmestres de l'agglomération bruxelloise a institué un concours pour l'élaboration des statuts. Le jury de ce concours ne s'est encore pas prononcé sur la valeur des mémoires qui lui ont été remis; il donnera son avis d'ici à quelques mois (1).

---

(1) M. le secrétaire du collège échevinal nous annonçait, en même temps, que la question de l'assurance avait été portée devant plusieurs conseils communaux des grandes villes belges.

CHAPITRE III

LES PRINCIPES EN MATIÈRE
D'ASSURANCE CONTRE LE CHOMAGE

SECTION I

L'assurance contre le chômage est-elle désirable?

Avant de rechercher si l'assurance contre le chômage est possible, et d'établir les caractères et les formes qu'elle doit revètir, il convient de préciser les avantages que présenterait une telle institution. Cet examen est d'autant plus nécessaire, que certains pensent, non seulement que l'assurance ne peut exister, mais encore qu'il n'y a pas lieu de s'en attrister, en raison des inconvénients sérieux qu'entraînerait sa création. De quel côté penche la balance?

I. — Il est à peine besoin d'insister sur l'avantage immédiat de l'assurance : grâce à elle, l'ouvrier qui perd l'occupation dont il tire ses revenus, est protégé contre les conséquences désastreuses du chômage; si l'indemnité qui lui est accordée ne représente pas l'équivalent complet de son salaire journalier, elle lui permet toutefois d'attendre, sans trop de souffrance, la reprise du travail. Sans doute, la durée de l'indemnité n'est pas indéfinie, mais elle est supérieure à la durée normale du chômage et, sauf de rares exceptions, elle est toujours assez longue, pour que l'ouvrier ait le temps, avant même qu'elle se soit écoulée, de trouver un nouvel emploi.

Là ne se bornent pas les effets salutaires de l'assurance. Elle a encore pour résultat, comme le fait remarquer M. Jay, « de fortifier singulièrement la situation économique de l'ouvrier, en le mettant en état de disposer du temps, et de suspendre son offre aussi longtemps que l'entrepreneur peut suspendre la sienne (1) ». Les deux parties en présence dans le contrat de travail sont-elles sur un pied d'égalité absolue, quand l'ouvrier se trouve réduit à la misère ? Ne subit-il pas une sorte de contrainte morale, qui le pousse à accepter le salaire le plus infime ? Il est vrai que le patron ne peut pas toujours imposer ses volontés ; que l'organisation syndicale est capable de mettre obstacle aux abus ; que les conseils des prud'hommes, ont le droit, du moins suivant certains auteurs, de fixer, d'après les usages locaux, le taux du salaire, abstraction faite des clauses souscrites par l'ouvrier (2) ; mais, malgré ces réserves, la situation de l'ouvrier est loin d'être enviable. Il n'a pas le temps de faire un choix entre les occupations pour lesquelles il a de l'aptitude ; il est contraint de prendre la première qui lui est offerte, si peu rétribuée qu'elle soit, sous peine de mourir de

---

(1) *Revue politique et parlementaire*, août 1894.
(2) V. M. Pic : *Traité de législation industrielle*, p. 330.

faim ou de recourir à l'assistance. Il n'aura pas à craindre, avec l'assurance, qu'un refus de sa part produise des conséquences aussi pénibles : sachant son entretien assuré pour quelques semaines, il pourra discuter les conditions du patron, et attendre une place conforme à ses goûts et à ses capacités professionnelles.

Le sort de l'ouvrier sera, de plus, au moyen de cette assurance, amélioré à tous les points de vue. Le garantir contre le risque du chômage, c'est le garantir contre les autres risques qui le menacent : la maladie, l'invalidité et la vieillesse. « Cette assurance, dit M. Chaufton (1), est la clef de voûte des assurances ouvrières. Sans elle, toutes les autres sont inefficaces. A quoi servirait, en effet, à l'ouvrier, d'avoir assuré l'éducation de ses enfants pour le cas où il mourrait prématurément, de s'être assuré des ressources en cas de maladie ou d'infirmité, ou lorsque la vieillesse l'aurait rendu incapable de travailler, de s'être assuré des funérailles décentes, si le chômage par suite de manque de travail survenant, il était obligé de suspendre le paiement de ses primes, et se trouvait, par là, déchu de tout droit à l'assurance? Pour les classes ouvrières, le chômage, tarissant la source de revenu, anéantit l'assurance. Celle-ci n'existe, pour l'ouvrier, que si, pendant le chômage, il peut continuer à verser ses primes, comme s'il n'avait pas cessé de recevoir son salaire. »

Aussi pensons-nous, avec M. Jay, avec M. Rostand, qu'il n'y a aucune exagération à qualifier cette assurance, ainsi que l'a fait M. Lujo Brentano, « de pierre

---

(1) Chaufton : *Traité des assurances*, p. 234, t. I.

angulaire du système des assurances sociales ». Elle apparaît, en effet, comme l'auxiliaire, ou plutôt comme le support des autres, en permettant d'en acquitter régulièrement les primes (1).

II. — Ces arguments n'ont pas eu le don de convaincre tous ceux qui se sont occupés de la question du chômage : les uns estiment que l'assurance ne répond pas à un besoin, qu'il est possible de réaliser par des moyens différents le but qu'elle veut atteindre ; d'autres la jugent dangereuse.

La première objection consiste surtout à opposer l'épargne à l'assurance. A la Société d'Économie politique de Lyon, dans une réunion qui avait pour objet l'étude de l'assurance contre le chômage (11 décembre 1896), M. Isaac s'exprimait ainsi : « Il me semble que le meilleur moyen de parer aux misères du chômage, c'est l'épargne, et c'est précisément pour cela que, dans tous les pays civilisés, on a créé des caisses d'épargne au milieu des centres ouvriers, afin que les travailleurs économes, qui savent qu'à certains moments ils chômeront, puissent y déposer les économies qu'ils peuvent faire lorsqu'ils travaillent d'une façon normale. Et, quand arrive le chômage, les ouvriers prévoyants recou-

---

(1) Il convient, cependant, de faire exception pour l'assurance contre les accidents. Dans les législations qui admettent la théorie du risque professionnel, ce sont les industriels créateurs du risque qui, seuls, doivent en répondre (V. Pic, t. 1, p. 369 et s.). Il en est ainsi dans les lois allemande, anglaise, norvégienne et dans la loi française du 9 avril 1898. Seule, la loi autrichienne demande aux ouvriers de participer au payement des primes (un dixième de la cotisation afférente au chef d'entreprise, lorsque le salaire en numéraire excède un florin).

rent à ce livret de caisse d'épargne, ce qui leur permet de passer le mauvais moment pendant lequel ils ne gagnent rien. L'ouvrier devient ainsi son propre assureur. A mon avis, il n'est pas nécessaire de créer une organisation particulière pour atténuer les effets malheureux du chômage involontaire : il suffit de développer l'épargne et la prévoyance ». Et plus loin : « Le meilleur remède à la situation difficile que crée le chômage se trouve à notre portée à tous : c'est par l'épargne et la prévoyance que l'on peut arriver à atténuer, dans une très grande mesure, les effets malheureux de la cessation du travail. J'estime que les versements volontaires faits par les ouvriers, dans une caisse d'épargne, précisément en vue du chômage, sont beaucoup plus dignes que les cotisations qu'on les obligerait à verser eux-mêmes, ou par l'intermédiaire de leur patron, dans une caisse de chômage » (1).

Les applaudissements que soulevèrent ces paroles, montrent que l'opinion de M. Isaac était partagée par un grand nombre de ses collègues. Nous pensons, toutefois, que l'assurance a sur l'épargne une véritable supériorité, soit au point de vue moral, soit au point de vue pratique. C'est l'avis de M. Chaufton, qui cite, à l'appui de sa thèse, quelques lignes d'un économiste anglais, où la comparaison entre l'épargne et l'assurance est remarquablement traitée (2). « Sans doute, dit M. Ludlow, l'épargne individuelle est la condition première de tout progrès chez l'ouvrier, progrès moral, par les sacrifices qu'elle impose, progrès économique, par les ressources qu'elle fournit ; mais l'épargne qui

---

(1) *Bulletin de la Société d'Economie politique*, année 1897.
(2) V. Chaufton, t. I., p. 299.

n'aboutit pas à l'assurance, qui ne se complète pas, ne se dédouble pas par elle, est incertaine, non moins qu'inféconde. Il serait presque impossible à l'ouvrier ordinaire, au moyen de la simple épargne, de se garantir contre les effets d'une maladie un peu prolongée, ou dont les accès sont fréquents. Un comité de la Chambre des Communes, qui siégea en 1825, dans son rapport sur les Friendly societies, en comparant celles-ci avec les caisses d'épargne, va jusqu'à dire que le déposant individuel est le véritable spéculateur, et non celui qui souscrit à un fonds commun pour l'assurance contre la maladie. Sa spéculation réussit, s'il traverse sans maladie les années de travail, et meurt avant que les infirmités de la vieillesse ne l'atteignent ; s'il en est autrement, il a joué mauvais jeu ».

Ce n'est là que le côté économique de la question. Le côté moral n'est pas moins important. L'épargne peut être la source de tous les sacrifices ; mais, en fortifiant la personnalité, elle entretient en même temps et développe l'égoïsme. Elle isole, tandis que l'assurance rapproche. L'assurance donc, c'est-à-dire l'association, est nécessaire aux classes ouvrières par-dessus toutes les autres. Ce sont toujours les faibles, les petits, les pauvres, qui ont le plus besoin de se soutenir les uns les autres. L'ouvrier devra, avant toutes choses, épargner pour assurer, et ce sera l'assurance sous toutes ses formes, et non l'épargne pure et simple, qui offrira le meilleur moyen de jauger ses progrès.

En d'autres termes, l'assurance offre le double avantage de satisfaire aux sentiments de solidarité, et de procurer à l'ouvrier une protection plus efficace que l'épargne, tout en lui demandant de plus légères privations. Elle est donc nécessaire, puisque le moyen que l'on propose à sa place, est d'une insuffisance manifeste.

Faut-il souhaiter cependant que les gouvernements se refusent à faire l'essai de cette institution, et à en favoriser le développement? Beaucoup le pensent. Toute médaille a son revers, et si l'on envisage les difficultés auxquelles donnerait lieu l'application de l'assurance, les dangers auxquels elle exposerait les ouvriers eux-mêmes, eux qu'elle a pour but de protéger, les embarras qu'elle produirait dans les budgets déjà si lourds, il semble que le mieux soit de s'abstenir, et de chercher ailleurs les moyens de combattre le chômage. C'est un beau rêve, qui a éclairci un instant l'horizon, mais qui se dissipe soudain, dès que la réflexion s'y attache.

Ces résultats déplorables qu'on attribue à l'assurance, nous les examinerons, quand nous aurons à établir les bases d'une organisation ; nous verrons s'ils ont la gravité qu'on veut leur donner, et s'il n'est pas possible, dans une certaine mesure, de les éviter. Ou bien ils sont de nature à faire rejeter l'assurance, ou bien, ils sont assez insignifiants pour qu'on ne les prenne pas en considération. Nous demandons seulement si, au cas où la solution positive l'emporterait, tous ne devraient pas s'en réjouir, et si tous ne devraient pas éprouver un regret, en constatant la nécessité d'adopter la solution négative. Sur cette question, l'accord, croyons-nous, ne peut manquer d'être unanime : l'assurance contre le chômage est peut-être une œuvre irréalisable ; c'est, à coup sûr, une œuvre désirable.

SECTION II

L'assurance contre le chômage est-elle possible ?

Après une longue analyse des différents essais d'assurances contre le chômage, cette question peut paraître singulière. La possibilité de l'assurance n'est-elle pas déjà amplement démontrée par son existence même ? Mais à en croire de nombreux auteurs, qui pourtant étaient tout disposés à se laisser convaincre, cette existence n'est qu'apparente ; l'institution nouvelle ne mérite pas le titre dont on l'a pompeusement décorée, et la conclusion qui ressort d'une étude attentive, c'est qu'il n'y a pas d'assurance contre le chômage et qu'il ne peut y en avoir.

Est-ce vraiment cette triste conclusion qui s'impose ? Il serait si préférable de remplacer ce mot désespérant par un mot d'espoir, de prôner le nouveau remède contre le chômage au lieu d'en conseiller l'abandon, que nous devons discuter pied à pied les objections qu'on nous oppose, et ne nous rendre que devant la plus complète démonstration de notre erreur.

§ I.— Iʳᵉ OBJECTION : LE RISQUE DU CHOMAGE NE REMPLIT PAS TOUTES LES CONDITIONS DU RISQUE ASSURABLE

L'assurance n'est pas une panacée susceptible de garantir de tous les risques, quels qu'ils soient. Un risque, pour être assurable, doit remplir certaines conditions essentielles.

1. — Ce sera d'abord un danger actuel, de nature à jeter l'inquiétude dans l'esprit d'un homme prudent. L'assurance a, en effet, pour base la prévoyance, et celle-ci a des limites : un homme ne consentira à sacrifier une somme d'argent, même minime, qu'autant qu'il percevra clairement le but de ce sacrifice. L'ouvrier, plus que tout autre, se préoccupera du profit que pourront lui procurer ses économies, car l'épargne lui est particulièrement difficile ; il est donc nécessaire, surtout pour les assurances ouvrières, que le risque ait une réelle importance.

2. — Le risque sera bien défini, de telle sorte qu'on le reconnaisse parfaitement, grâce à ses caractères précis, sans pouvoir le confondre avec d'autres risques : sinon, des difficultés s'élèveraient à chaque instant, et empêcheraient le fonctionnement de l'assurance.

3. — Le risque sera fortuit ou accidentel : son arrivée ne dépendra pas de la volonté de l'assuré. Comment, en effet, établir des calculs de probabilités sur un élément aussi variable que la volonté humaine ?

4. — Enfin, le risque sera pour ainsi dire localisé, exercera ses ravages çà et là, sera limité dans son action. « Au témoignage des hommes les plus compétents, dit M. Chorel (1), les seuls risques assurables sont ceux qui se traduisent en accidents particularisés, peu nombreux, suffisamment indépendants les uns des autres, pour que la compensation des effets du hasard puisse s'opérer entre les assurés par la répartition des valeurs détruites sur la masse des valeurs épar-

---

(1) De l'assurance par l'Etat. Thèse 1897, p. 131.

gnées. La généralité des dommages rendrait vaine toute tentative de compensation entre les risques assurés. » « La nature même de l'assurance, remarque M. Chaufton (1), lui impose des bornes. L'assurance n'étant qu'un système de répartition des pertes que subissent les patrimoines, ceux qui sont épargnés payent pour ceux qui sont frappés ; il en résulte que l'assurance est inapplicable lorsqu'un fléau, au lieu d'atteindre isolément quelques individus, se répand d'une manière générale sur toute une région » : En d'autres termes, l'assurance est fondée sur ce principe que les cotisations de tous sont destinées à fournir des indemnités à une minorité atteinte ; si c'est la totalité, ou même la majorité qui subit le dommage, l'assurance n'est plus possible.

Ces conditions, le risque du chômage les remplit-il ? Est-il important, défini, accidentel, isolé ?

Sur le premier point, aucun doute ne s'élève. Il est bien évident, et nous n'aurions garde d'y insister, que le danger de tomber dans le chômage est assez menaçant pour retenir l'attention de tout travailleur, et que la prudence la plus élémentaire lui ordonne de chercher un abri contre ce terrible fléau. Mais là, paraît-il, devrait s'arrêter la comparaison entre le chômage et les risques de toute nature, dont l'assurance atténue les conséquences désastreuses.

Cette objection a été présentée avec une grande force par M. Schärtlin, technicien au bureau fédéral des assurances, dans une revue suisse, consacrée aux questions économiques et sociales (2).

---

(1) *Les Assurances*, tome I, p. 224.
(2) V. le n° 15 juillet 1893 des *Schweizerische Blätter für Wirtschaft und Socialpolitik*.

Nous aurions vite fait d'y répondre, si nous nous servions à l'égard de l'auteur, des procédés de discussion adoptés par un de ses compatriotes. « Les employés d'État, dit M. Egger, n'ont jamais sué sang et eau à la recherche de la vérité. Tel est, également, le cas ici. M. Scährtlin doit porter des lunettes d'économiste orthodoxe ou de fataliste endurci. Le mal est là ; on doit s'y résigner et non le combattre ; voilà ce qu'on voit et ce qu'on nous prêche. Avec le raisonnement syllogistique que M. Schärtlin doit affectionner, parce qu'il ne donne pas autant de peine, c'est parfait. Mais en prenant la réalité vivante, en la suivant terre à terre, en se donnant la peine d'étudier les différents systèmes et d'en tirer la quintessence, on arrive à d'autres résultats. C'est plus long, c'est plus pénible, mais au moins on a la conscience d'avoir cherché sérieusement la vérité. D'ailleurs, si M. Schärtlin avait réellement voulu suivre une autre méthode que celle des scolastiques, il aurait pu s'adresser à la commune de Berne, à quelques pas de sa boutique (1) ». Ces quelques pas, M. Schärtlin « ce commis par trop ignorant », les a faits, quoi qu'en dise son aimable adversaire, et c'est précisément l'exemple de la caisse de Berne qui lui a inspiré l'idée de son étude (2). Ne la rejetons donc pas de parti-pris ; elle mérite un examen sérieux.

1° *Le risque de chômage est-il défini ?* — Nous demandons, dit M. Schärtlin, que le risque soit assez caractérisé pour que les devoirs et les droits des parties contractantes puissent être établis. Tel n'est pas le ris-

---

(1) *L'assurance contre le chômage et la Société moderne.* Neufchâtel, 1894.

(2) D'ailleurs, M. Schärtlin nous avertit que sa démonstration vise le principe même de l'assurance, et non seulement le système de Berne.

que de chômage. Il faut entre autres choses, concilier ces deux points : le chômeur a-t-il le devoir de chercher du travail, et est-il tenu d'accepter le travail qui lui est offert ? Il faut décider si cette obligation subsiste, quand le travail offert demande une autre activité que la profession précédente, est mal payé, menace la santé ou porte atteinte à l'honneur. Peut-on obliger un horloger à balayer les rues? Nous prions le lecteur de ne pas s'indigner, et de ne pas s'écrier : « Celui qui ne veut pas travailler, ne doit pas non plus manger. » N'oublions pas que l'indemnité doit être considérée comme la contre-partie des primes payées, et non comme un secours. Sinon, notre discussion serait dès à présent terminée; nous n'aurions pas devant nous une assurance.

En définitive, l'auteur soutient que notre risque n'est pas défini, par suite, pas assurable. A cette question : « Tel ouvrier est-il sans travail? » on ne peut donner de réponse précise. De ce qu'il manque de travail dans sa profession, il ne résulte pas qu'il en manque dans une autre. Quand sera-t-il en chômage ? Quand aura-t-il droit à l'indemnité? On ne saurait exiger d'un horloger qu'il balaie les rues. Pourquoi? Parce qu'à ses yeux ce n'est pas un travail, parce qu'il se considère, et à raison, comme chômeur, dès qu'il n'est plus occupé dans sa profession ou une profession similaire.

Et, en effet, la définition exacte de l'état de chômage est une grande difficulté; nous ne dirons pas, comme M. Schärtlin, une impossibilité. M. Adler (1) fait à ce propos une distinction fort ingénieuse, qui nous semble répondre victorieusement à l'objection, à condition que

---

(1) *Die Versicherung gegen Arbeits losigkeit im Kanton Basel Stadt*, p. 11 et s.

l'on regarde l'assurance contre le chômage, et c'est
ainsi, nous le verrons, qu'il convient de la regarder,
comme une institution spéciale, tenant à la fois de l'assurance et de l'assistance.

Nous poserons, en principe, que l'ouvrier assuré
n'aura droit à l'indemnité que s'il n'a pu trouver, ou si
on n'a pu lui procurer un *travail convenable*. Mais ces
expressions sont bien vagues; que signifient-elles au
juste? Il faut les apprécier, soit au point de vue du lieu
où doit se faire le travail, soit au point de vue du travail
lui-même.

a) Du lieu. — On n'obligera pas un ouvrier à s'expatrier, à s'exiler au loin, à quitter une ville où sa femme
et ses enfants sont placés et gagnent de leur côté un
salaire, surtout quand le chômage paraît devoir être de
courte durée : ce sont là des considérations dont l'administration de la caisse sera naturellement juge.

b). Du travail. — Sera un travail convenable,
un travail rentrant dans la même branche d'industrie ;
un travail, même dans d'autres branches, mais alors en
distinguant entre les diverses catégories de travailleurs. Il y en a trois : la classe des *ouvriers instruits,*
qui se sont fait une spécialité; celle des ouvriers à *moitié
instruits* (c'est ainsi qu'on les appelle en Amérique), qui
s'emploient seulement au maniement de quelques machines ou d'une partie de machine, mais qui ont pourtant besoin d'une habileté acquise par un apprentissage
plus ou moins long Ces ouvriers sont, à raison de
l'uniformité de leur travail, plus faciles à remplacer que
les premiers et courent beaucoup plus vite le risque de
tomber dans la dernière classe ; celle-ci comprend les

ouvriers *non instruits*, qui mettent uniquement à la disposition du patron la force physique.

Prenons pour base cette distinction. A un ouvrier instruit, on pourra imposer une occupation vacante dans une autre profession que la sienne, si elle ne nuit en aucune manière à sa capacité pour la profession précédente, et si on lui laisse la faculté d'y rentrer dans des circonstances plus prospères. Si un cas douteux se présente, il faudra dispenser l'ouvrier instruit d'accepter le travail, et l'autoriser à toucher l'indemnité de chômage.

D'un ouvrier à moitié instruit, on exigera le passage d'une spécialité à une autre de la même industrie, les particularités techniques des diverses branches n'étant pas assez disparates pour s'opposer à ce changement. Ainsi, un ouvrier en métaux n'est pas confiné dans l'industrie du fer : s'il ne connaît rien à l'industrie des textiles ou du verre, du moins peut-il s'employer dans les différentes branches de l'industrie métallurgique.

La dernière classe offre la plus grande facilité de travail ; les travaux d'Etat, grâce à leur nature simple, lui conviennent mieux qu'à toute autre. Cependant, il y a aussi, pour les ouvriers non instruits, abstraction faite des occupations qui exigent un apprentissage, un travail non convenable. D'une manière générale, ils pourront refuser les travaux qui dépassent leurs forces, ou sont de nature à nuire à leurs forces précédentes.

Pour chaque cas particulier, il faudra une décision spéciale de l'administration ; il est impossible d'établir, à cet égard, une règle absolue.

Nous avons résumé très fidèlement le raisonnement que développe M. Adler. Ne nous permet-il pas de donner une réponse à la question que M. Schärtlin jugeait insoluble, et de caractériser suffisamment le chômage qui sera protégé par l'assurance ? Sans doute, l'ouvrier, s'il était un assuré ordinaire, aurait le droit de s'élever contre cette solution ; mais, nous le répétons, l'indemnité n'est pas seulement la contre-partie des primes, elle représente une part d'assistance, soit privée, soit publique, et dès lors, l'ouvrier n'est plus autorisé à se plaindre, si, au lieu d'une indemnité, on lui offre, quand il n'a plus de travail dans sa profession, une occupation que, d'ailleurs, il est apte à remplir : il a des droits qui naissent de sa qualité d'assuré ; il a, par contre, des obligations qui naissent de sa qualité d'assisté.

Sans doute aussi, on pourrait objecter que notre réponse est très compliquée, qu'elle aura pour conséquence un contrôle long et minutieux. Mais nous ne songeons pas à nier que des difficultés d'application se présentent dans l'assurance contre le chômage. Nous cherchons, pour l'instant, à établir des principes, et il en est un qui, à notre avis, ressort de cette discussion : sera dit en état de chômage tout assuré valide qui n'est plus, pour une cause indépendante de sa volonté, occupé dans sa profession, et qui n'a pu obtenir un travail convenable en raison soit du lieu où ce travail est offert, soit de la profession exercée auparavant par cet assuré. Le risque de chômage n'a donc pas ce défaut qui le priverait de la garantie de l'assurance : il est bien défini.

Ce n'est pas l'avis de M. de Cluveaux (1). D'après lui, le chômage, tel que l'entendent actuellement les législateurs, n'est pas un risque parfaitement défini.

____

(1) *Monde Économique,* août 1894.

Mais les raisons qui le poussent à cette conclusion sont loin d'être convaincantes. « Qu'est-ce que le chômage? dit-il; il est difficile à circonscrire. Un ouvrier chôme lorsqu'il ne fait rien, mais des causes nombreuses et variées peuvent occasionner ce non-travail. Quelles sont les causes que l'on assurera? car on ne peut, sous peine d'encourager le vice et la paresse, les assurer toutes. Sera-ce le chômage de l'ouvrier qui, n'étant pas satisfait de son patron, le quitte, et ne trouve pas, pendant un certain temps, à se faire embaucher? Ce chômage pourrait rentrer dans la catégorie de celui qu'on a dénommé chômage par dignité, provenant de la cessation du travail qui a pour cause une tentative de diminution de salaire, ou le refus d'accepter les conditions que l'on estime être défavorables. Sera-ce aussi ce genre de chômage? Dans ce cas, l'assurance deviendrait une caisse de grève. Sera-ce le chômage ordinaire, celui qui provient uniquement du manque de travail? Ce serait plus rationnel, mais personne n'est d'accord sur ce point. »

N'en déplaise à M. de Cluveaux, tout le monde est d'accord au contraire. Il y a, comme il l'annonce, plusieurs sortes de chômage : il en est même qu'il a oubliées dans son énumération, mais nous savons que l'on n'a jamais songé à appliquer l'assurance qu'au chômage involontaire, et ainsi disparaissent toutes ces complications dont M. de Cluveaux nous fait un si sombre tableau.

2º *Le risque de chômage est-il accidentel, ou fortuit ?* Si le chômage est un risque défini, est-il aussi un risque fortuit, accidentel ? C'est là encore une des conditions essentielles de l'assurance. Tout événement qui a été volontairement causé par l'assuré tombe en dehors de son domaine. Celui qui, par exemple, met le feu à sa maison, perd ses droits à l'indemnité. On ne peut guère citer qu'une exception à cette régle : parfois, dans l'assurance sur la vie, il est stipulé une indemnité même en cas de suicide, mais cette disposition est provoquée par la difficulté de distinguer entre le suicide et la mort qu'on se donne sans discernement, et l'instinct de la conservation est un frein assez puissant contre les abus.

Reste la clause de la faute légère. L'assuré savait, sans doute, sinon il ne serait pas question de faute, que son action pouvait causer le dommage ; mais il serait trop rigoureux de le punir d'une faute que chacun est susceptible de commettre, et on la considère comme un événement fortuit.

Est-il permis d'appliquer ces principes au chômage ? M. Schärtlin ne le pense pas, et il explique nettement son opinion.

Nous avons, déclare-t'il, à porter nos remarques sur deux points : 1° Quelle part ont au chômage les actions capricieuses de l'assuré (intention ou faute lourde) et cette part est-elle, en pratique, facile à distinguer ? 2° Le chômage qui résulte d'autres causes et que nous pouvons appeler proprement le risque, est-il fortuit au sens de l'assurance ?

1° La distinction entre les actions volontaires et involontaires entraîne des difficultés dans la plupart des branches d'assurance ; ici, elle est impraticable. Le règlement de la ville de Berne en est une preuve : il décide que le chômage mérité comme suite de paresse, de légèreté, de désobéissance, de débauche, etc., encourt la perte du droit à l'indemnité. Cette liste non limitative est déjà caractéristique ; elle montre combien il peut être difficile, dans un cas donné, de savoir s'il y a faute personnelle. Puis la rigueur exagérée des dispositions, qui fait tomber le droit de l'ouvrier pour une faute même légère, indique que le danger menace la caisse de ce côté. Il sera aisé, en fait, à l'assuré malhonnête, de faire passer le chômage mérité pour accidentel, et le patron ne pourra pas toujours s'opposer à cette tentative.

2° Le chômage, est en général, la conséquence d'une action volontaire du patron ; dès lors, plus de constance dans les événements, plus de calcul possible. On parle d'un état annuel des décès, des naissances, des accidents, des crimes d'un pays ; une semblable expression n'aurait ici aucun sens. Si les circonstances extérieures forcent l'entrepreneur à donner congé, cependant, il a le choix entre A ou B ou C. Il se peut que l'entrepreneur renvoie de préférence les ouvriers assurés parce qu'ils sont mieux protégés que les autres contre la misère. Peut-être même la pensée qu'il y a une assurance aura-t-elle, pour résultat, de lui faire donner plus de congés qu'il n'aurait fait dans le cas contraire.

En somme, d'après Schärtlin, le chômage n'est pas accidentel, parce qu'il est produit par la volonté de l'ouvrier et par celle du patron. *De l'ouvrier* : on ne peut donner une liste limitative des cas où la volonté de l'ouvrier est en jeu, et l'ouvrier n'aura pas de peine à dissimuler sa faute. *Du patron* : le patron est, en général, l'auteur du chômage, ne se fait aucun scrupule de ne garder que les ouvriers qui lui sont nécessaires, et congédiera plus volontiers ceux qui sont assurés.

Nous avouons que la première partie de l'objection a

une certaine portée. Il est relativement facile de déterminer si le chômage est le résultat d'une grève, de discussions sur le salaire, d'un accident, d'une maladie,
d'une incapacité de travail ; mais, pour savoir s'il est
dû, ou non, à une faute de l'ouvrier, il faudra dans chaque
cas une enquête minutieuse dont le succès est assez
problématique. M. Adler se contente de dire : « Ce sera
un des principaux devoirs de l'administration d'établir
les vrais motifs du congé, mais un devoir difficile».
Cette réponse n'est guère satisfaisante. Il nous semble
qu'en l'appuyant de quelques considérations, on lui donnera plus de valeur.

1° Un homme pourra éclairer l'administration : c'est
le patron ; il connaît le véritable motif du renvoi. Il est
permis, pourtant, de douter qu'il vienne le déclarer, et
qu'il ne se rende le complice de la fraude. Pourquoi,
en effet, accepterait-il de jouer ce rôle de témoin à
charge ? Son ouvrier était paresseux, ivrogne, débauché,
désobéissant ; ne va t-il pas oublier tous ces défauts du
moment qu'ils ne lui sont plus nuisibles, l'ouvrier étant
congédié, et ne sera-t-il pas pris d'un sentiment de générosité d'autant plus à craindre que sa bourse n'en souf-
frira pas ? Le sort de l'ouvrier lui est devenu indifférent ;
pourquoi irait-il l'aggraver par une déposition qui le
priverait de tout secours et s'exposer, de gaieté de cœur,
à des haines parfois terribles ? Ne comptons donc pas
trop sur les déclarations des patrons ; elles seront plus
souvent mensongères que vraies.

2° Mais il nous reste d'autres moyens de connaître la
vérité. L'ouvrier qui a été congédié sans motif valable a
la faculté, au moins dans plusieurs pays, en France notamment, de saisir la justice et de réclamer une indemnité. Si les tribunaux lui donnent raison, pourquoi le

jugement ne lui servirait-il pas de titre auprès de l'administration, pour montrer que la perte de son travail ne lui est pas imputable? Et, s'il perd son procès, pourquoi l'administration ne lui opposerait-elle pas, à son tour, le jugement qui le condamne? L'administration, n'étant pas partie au procès, ne saurait, conformément aux principes de notre droit, se prévaloir du jugement qui le termine pour rejeter, sans autre examen, la demande de l'ouvrier; il y a là, pourtant, une présomption de fait dont elle peut tenir compte.

3º L'ouvrier congédié est-il immédiatement remplacé : il y a bien des chances pour que son renvoi ait été causé, non par le manque de travail, mais par sa propre faute. Que répondra-t-il si l'administration lui prouve, à l'aide des registres de l'usine ou de l'atelier, que sa place n'est pas restée vacante? Qu'il a été victime d'une injustice? pourquoi ne s'adresse-t-il aux tribunaux pour en demander réparation ?

4º Il sera de l'intérêt des ouvriers assurés de ne pas soutenir leur camarade dans sa tentative de fraude : ils payent des cotisations, et il leur déplaira qu'on les dissipe sans raison. Cet intérêt est très puissant dans l'assurance organisée par les syndicats professionnels, par les Trade-Unions anglaises surtout; il ne disparaît pourtant pas tout à fait dans les autres formes d'assurance : le taux de l'indemnité est parfois fixé d'après l'état de la caisse; les ouvriers sérieux sauront empêcher que cet état soit troublé par les paresseux et les ivrognes.

Voilà des éléments d'appréciation qui permettront le plus souvent de découvrir la fraude. Peut-être trouvera-t-on que leur emploi conduira à une procédure longue et compliquée, qu'il faudra un certain intervalle entre la déclaration de l'ouvrier en chômage et le moment où il touchera l'indemnité, pour que l'administration ait le temps de faire une enquête. Nous remarquerons alors que toutes les assurances souffrent de la même nécessité.

En effet, et ce sera notre deuxième réponse, on ne peut mettre de côté, dans de pareilles questions, la seule méthode qui convienne, ia méthode de comparaison. En l'employant, nous voyons que la fraude n'est pas spéciale à notre assurance, et qu'il est injuste de lui faire un grief de ce danger dont d'autres assurances sont également menacées.

« Il y a, dit M. Chaufton (1) un facteur qu'il faut considérer isolément et qui joue un grand rôle dans la production du risque : c'est l'homme lui-même. L'homme peut se suicider pour faire toucher par les siens le capital assuré sur sa tête. Il peut attenter à la vie d'autrui pour s'approprier le bénéfice d'une assurance. Il peut s'exposer volontairement à un accident certain, ou feindre une maladie. Il peut mettre le feu à sa maison ou à ses meubles. Il peut envoyer à la mer un navire dont il a préparé d'avance le naufrage. Il peut laisser mourir son bétail faute de soins. Nous ne voyons guère que le risque de grêle qui puisse échapper à la fraude. Nous appelons ce risque particulier qui naît de l'action de l'homme et de sa mauvaise foi éventuelle, le risque subjectif, par opposition au risque objectif qui dérive de la nature même des choses assurées. Il est surtout considérable dans l'assurance contre l'incendie Les statistiques prouvent que les incendies augmentent considérablement,

---

(1) Ouvr. cité, p. 93 et s.

lorsque les affaires sont mauvaises et qu'il y a une dépréciation générale des valeurs. »

Ainsi, nous pensons avoir établi, d'une part, que le chômage non accidentel, mérité par la faute de l'ouvrier, n'est pas impossible à distinguer ; d'autre part, que si la fraude réussit parfois et passe inaperçue, le fait est à craindre dans les autres risques, sans que, pour ce motif, on ait hésité à les garantir. Nous ne ferons à M. Schartlin qu'une seule concession : c'est que le contrôle sera peut-être ici plus difficile, que peut-être il sera nécessaire de donner à notre assurance une organisation particulière, qui facilite la surveillance des assurés.

Quant à la deuxième partie de l'objection, elle nous semble absolument erronée. Comment prétendre que le chômage dépende du patron ? N'est-ce pas un homme qui cherche à faire le plus de bénéfices possible et qui, pour réaliser ses désirs, doit prendre autant d'ouvriers qu'il peut en occuper ? S'il en renvoie, que faut-il en conclure ? C'est qu'il y a une crise, un excès de production, une difficulté dans l'écoulement des marchandises.

Le patron dira à ses ouvriers : « Je vous congédie, non parce que tel est mon bon plaisir, mais parce que, bien malgré moi, contre mes propres intérêts, je n'ai plus de travail à vous donner ». Il est, lui, comme l'ouvrier, la victime du hasard ou des circonstances de force majeure.

Sans doute, il lui restera un choix à faire entre tels et tels ouvriers. Mais se laissera-t-il guider, dans ce choix, par la considération que les uns sont assurés, tandis que les autres ne le sont pas, de telle sorte qu'il renvoie les premiers de préférence ? Ne se préoccupera-t-il pas davantage des qualités personnelles : l'habileté, l'ardeur au travail, l'obéissance, ou encore de la situation de famille ? Il sait bien que l'indemnité de chômage n'est qu'une maigre compensation du salaire, et il gardera d'abord ses ouvriers intelligents et laborieux ; sinon, ce serait les punir d'avoir montré de la prévoyance : on peut supposer que le patron aura assez d'esprit pour le comprendre. Voilà, en tout cas, dans quelles étroites limites sa volonté, que l'on nous faisait si puissante, s'excercera. Et elle ne pourra plus s'exercer si, au lieu d'être facultative, l'assurance est obligatoire.

D'ailleurs, un risque cesse-t-il d'être accidentel parce qu'il est provoqué par un tiers ? L'assuré dont la maison a été incendiée par une main étrangère, n'a-t-il plus le droit de réclamer une indemnité à sa Compagnie, et faut-il nécessairement que le feu soit causé par la foudre ou toute autre force naturelle ? Les héritiers d'un individu assassiné devront-ils, en même temps déplorer la perte d'une personne qui leur était chère, et la perte d'une compensation pécuniaire qui rendrait la douleur plus supportable ? Nous admettons volontiers que l'influence de ces actions est très restreinte ; que l'Etat en les menaçant et en les punissant comme des actions criminelles, en prenant contre elles des mesures préventives énergiques, les rend peu fréquentes ; mais ce n'est là qu'une question de plus ou de moins : l'exception est telle qu'elle anéantit le principe.

Pour nous le chômage est bien un risque accidentel : il pourrait subsister un doute en ce qui concerne le chômage périodique, qui frappe un grand nombre de professions. Ne se reproduit-il pas, en effet, chaque année, avec une régularité exempte d'imprévu ? Même dans ce cas, il y a un élément accidentel, et M. Schärtlin, si sévère pourtant, le reconnaît loyalement : Ce n'est pas le chômage, mais c'est sa durée, variable suivant les circonstances. Il en est ainsi pour l'assurance sur la vie : le risque, la mort, arrive sûrement ; le moment de la mort seul est indéterminé.

3º *Le risque de chômage est-il limité ?* Un risque peut être important, défini, accidentel, et pourtant n'être pas assurable. Encore faut-il qu'il espace ses coups, qu'il restreigne son action, et ne fasse que peu de victimes. Les calculs de l'assurance reposent, en effet, sur l'hypothèse que le risque, dont l'assuré A est menacé, est indépendant de celui qui menace l'assuré B. Sinon l'assureur ne trouverait pas, dans l'ensemble des primes, les fonds nécessaires pour distribuer des indemnités. « Bien qu'un même ouragan fasse souvent périr plusieurs bâtiments, dit M. de Courcy, dans son *Traité de l'assurance par l'Etat*, la très grande majorité des navires échappent à ses étreintes et le naufrage est, en somme, un événement d'exception. L'incendie est encore plus rare et plus limité dans son action. Il ne peut manifestement s'étendre d'une localité à une autre, et même, en l'état actuel de nos grandes villes, il est devenu sans exemple que le feu ravage un quartier tant soit peu considérable de nos cités. La mort prématurée d'un homme de santé robuste n'est qu'un accident exceptionnel. Il en va différemment de la plupart des fléaux de l'agriculture. Ils tiennent à des circonstances atmosphériques dont l'action est générale et s'exerce sur des provinces entières ou même sur plusieurs nations à la fois. Ainsi la sécheresse prolongée qui arrête le développement de la plante, les pluies intempestives qui empêchent de rentrer les foins, qui ne permettent pas aux grains de se former ou de mûrir, les insectes et les mystérieuses maladies qui s'attaquent aux pommes de terre, à la vigne, aux vers à soie, au blé lui-même, sont des calamités qui frappent en même temps sur de vastes régions, et atteignent toutes les cultures similaires. »

M. Chorel conclut de ce caractère de généralité que présente le fléau, que la gelée, les inondations, la sécheresse, les brouillards, les pluies trop prolongées, les maladies des plantes, le phylloxera, etc., ne sauraient, sans de grandes illusions, être considérés comme susceptibles d'être couverts par l'assurance. Ces illusions trop optimistes, ne les partagent-ils pas, ceux qui songent à l'assurance pour garantir les ouvriers des conséquences du chômage? Ce caractère spécial, qui rejette de l'assurance certains risques agricoles, le chômage ne le possède-t-il pas autant, sinon plus que les fléaux qui frappent la terre? Il atteint de nombreux travailleurs simultanément ; la plupart des ouvriers du bâtiment chôment pendant l'hiver ; une crise anéantit parfois telle industrie d'un pays entier ; de plus, l'intensité du risque ne peut avoir ici comme corollaire l'augmentation de la prime : l'ouvrier a des ressources très limitées, et serait incapable de payer des cotisations élevées.

Telle est la sombre réalité, et tout raisonnement viendrait se briser contre elle. Aussi ne demandons-nous qu'à changer les termes de l'objection. Dire que le chômage n'est pas un risque limité, isolé, c'est dire que si l'on établit l'assurance, les cotisations des assurés ne suffiront pas à indemniser les victimes du risque, qu'il faut nécessairement y joindre d'autres ressources et recourir à l'assistance. Ainsi, l'objection se confond avec une objection pratique que l'on a faite à l'assurance contre le chômage et que nous devons maintenant examiner : la solution que nous en donnerons s'appliquera à l'une aussi bien qu'à l'autre.

§ II. — 2º OBJECTION : **L'ASSURANCE CONTRE LE CHOMAGE N'EST QU'UNE ASSISTANCE DÉGUISÉE.**

Il n'est pas besoin d'être un observateur perspicace pour deviner que l'assurance contre le chômage est nécessairement très coûteuse. Voilà des maçons qui chôment régulièrement plusieurs semaines, sinon plusieurs mois par an, des ouvriers qu'une crise imprévue prive pendant de longs jours de tout travail : c'est à l'assurance de subvenir à leur entretien, de leur donner une indemnité assez élevée pour les garantir, eux et leurs familles, de la misère la plus complète. Comment la caisse supportera-t-elle ces frais ? au moyen de primes payées par les ouvriers ? Mais chacun sait que l'ouvrier, si disposé qu'il soit à l'épargne, est incapable le plus souvent de la faire. S'il a une femme et des enfants à nourrir, il ne pourra distraire de son salaire que des sommes minimes, hors de proportion avec les indemnités qu'il touchera en cas de chômage. D'ailleurs, il y a d'autres assurances aussi utiles.

« Ainsi que l'a démontré M. Brentano, dit M. Chaufton (1), l'ouvrier, pour avoir une complète garantie, doit contracter six assurances différentes : 1º une assurance ayant pour objet une rente, destinée à nourrir et à élever ses enfants, dans le cas où il mourrait prématurément ; 2º une assurance de rente pour ses vieux

---

(1) Ouvr. cité, p. 230.

jours ; 3º une assurance ayant pour objet la somme nécessaire pour avoir des funérailles décentes ; 4º une assurance pour le cas d'infirmités ; 5º une assurance pour le cas de maladie ; 6º une assurance pour le cas de chômage, par suite du manque de travail. » Tous ces risques sont importants ; il est sage de se prémunir contre eux tous ; d'autre part, sous prétexte d'assurer l'ouvrier, on ne saurait pourtant le priver de son pain ; bien pauvre sera donc son apport.

Les expériences faites en Suisse sont parties de ce point de départ. Si nous prenons, par exemple, les différents budgets de la caisse de Berne, nous voyons que les cotisations des assurés forment en moyenne 14 % du budget total des recettes, soit à peine le 7º de l'ensemble des ressources. A St-Gall, il en va autrement. Pendant la première année de fonctionnement (du 1ᵉʳ juillet 1895 au 30 juin 1896), la caisse a donné 23,504 fr. 15 d'indemnités, alors que les cotisations atteignaient la somme de 21,674 fr. 30. Ici les ouvriers se sont presque suffi à eux-mêmes. Il convient toutefois de remarquer que ce chiffre était dû à un système obligatoire pour tous les salariés, système qui n'est guère défendable ; en second lieu, que la caisse n'a, au cours de cette année 1895-1896, distribué d'indemnités que pendant six mois ; enfin que la commune et le canton faisaient ensemble une subvention de 9,000 fr. Dans le projet de Bâle-Ville, il est prévu, parmi les ressources, une subvention de 25,000 fr. de la part de l'Etat, qui se charge, en outre, des frais d'administration.

Sans insister davantage, nous dirons que l'assurance contrele chômage ne peut vivre qu'à la condition d'être subventionnée, et de recevoir des dons volontaires des particuliers. N'y a-t-il pas là une part d'assistance, soit publique, soit privée, et cette part n'est-elle pas assez forte, pour enlever à l'assurance son véritable caractère?

Bien des auteurs l'ont pensé et ont trouvé, dans cette constatation, une raison suffisante pour rejeter notre assurance dans le domaine des utopies.

M. Beauregard (1), après avoir fait l'exposé du système de Berne, ajoute : « La caisse de Berne ne fonctionne que grâce aux subventions de la municipalité. L'œuvre, excellente en soi, avait donc essentiellement le caractère d'œuvre d'assistance. Elle ne pouvait prétendre à résoudre la question, les organisations qui vivent par elles-mêmes pouvant seules être utilement proposées en exemple. A Saint-Gall, au contraire, on avait essayé de créer réellement l'assurance, c'est-à-dire de faire en sorte que la caisse fût à peu près alimentée par les cotisations des ouvriers. Dans ce but, on avait proclamé le principe de l'assurance obligatoire. Cette organisation, si elle eût pu fonctionner, eût évidemment donné des résultats très supérieurs à ceux de Berne, en même temps qu'elle eût évité le caractère d'œuvre d'assistance reproché à cette dernière. Mais elle a été supprimée, et on n'avait évité les inconvénients, qu'en violant ce principe d'équité qui veut que l'assurance soit contractée entre gens courant les mêmes risques. »

M. de Cluveaux est plus net encore (2). « On n'assure, dit-il, que les ouvriers gagnant au plus 5 francs par jour. Cette modicité du salaire oblige à demander à l'ouvrier une cotisation beaucoup trop faible pour couvrir les risques. Pour suffire aux exigences, il faut encore l'argent des dons volontaires, celui de l'Etat et

---

(1) *Monde Economique*, 6 mars 1897.
(2) Art. cité.

de la commune. Le chômage ne peut donc pas se couvrir par les primes ou les cotisations de la majorité épargnée? Y-a-t-il seulement une majorité épargnée? On voit, au contraire, lorsqu'une industrie devient momentanément improductive, que les industriels ne peuvent garder qu'un petit nombre de leurs ouvriers, car chacun d'eux devient une cause de dépense sans compensation. C'est alors la majorité qui est frappée, et, dans ces conditions, l'assurance est impossible. Alors, on crie au secours, à l'aide. Quand on en est là, on ne fait plus de l'assurance, on fait de l'assistance publique, ce qui est tout différent ; une aumône ne saurait être assimilée à une opération financière ». Et plus loin: « Il est évident que la question peut se résoudre avec l'assistance de l'Etat et de la commune, venant combler les déficits, mais alors, n'appelez pas assurance, ce qui n'est qu'un impôt. »

Bref, pour citer encore M. Thury (1) : « Les travailleurs en mesure de se suffire entièrement à eux-mêmes formeront toujours dans l'état présent des choses, une minorité privilégiée, une sorte d'aristocratie ouvrière du travail, et le problème du chômage ne sera pas résolu, puisqu'il doit avoir avant tout pour objet cette majorité de travailleurs pour lesquels l'épargne reste, en moyenne, insuffisante en face des chances du chômage, et qui, en conséquence, auraient besoin de recevoir un secours complémentaire venant du dehors ».

Ne nous reste-t-il donc qu'à conclure avec Proudhon : « La sécurité est une marchandise qui se paye comme toute autre ; et comme le tarif de cette marchandise

---

(1) *Le chômage moderne, causes et remèdes.*

15

baisse, non pas selon la misère de l'acheteur, mais selon l'importance de la somme qu'il assure, l'assurance se résout en un nouveau privilège pour le riche, et une ironie cruelle pour le pauvre (1)? » Nous ne pouvons mettre en regard de ces citations, qu'il eût été facile de multiplier, d'autres citations qui en détruisent la portée; les partisans de l'assurance contre le chômage, et il y en a pourtant, ne se sont pas soucié de répondre. Serait-ce que l'objection ne souffre pas de réplique, et qu'il faille s'incliner devant elle sans chercher à discuter ce qui n'est pas discutable? Nous ne le croyons pas, et notre conviction est fondée sur une comparaison entre l'assurance qui nous occupe et une autre assurance ouvrière.

Il existe en Allemagne, depuis l'année 1891, une assurance obligatoire contre l'invalidité et la vieillesse. L'Etat qui, en matière d'assurance contre les accidents et la maladie, s'était gardé de toute intervention financière, et avait laissé les frais à la charge soit des ouvriers, soit des patrons, soit des deux réunis, renonça à cette pratique : parmi les ressources de la caisse figure, à côté des contributions des intéressés et des patrons, une subvention annuelle de l'Etat fixée à 5o marks (soit 62.5o) par pension.

Quelle a été la part de l'Etat dans l'ensemble des dépenses ? Les divers comptes rendus publiés par l'administration nous montrent son importance. A la fin de 1892, il était accordé 162,402 pensions atteignant le chiffre de 24,830,000 francs. La pension moyenne était de 153 francs, la part supportée par les établissements étant de 90 fr. 5o et la part payée par l'Etat,

---

(1) *Contradictions économiques*, t. II, p. 155.

comme nous l'avons dit, de 62.50. En d'autres termes, sur cette somme de près de 25 millions, plus de 10 millions incombaient à l'Etat; sa part était donc bien supérieure au tiers des dépenses totales (1). Nous notons la même proportion en 1893 (2), en 1894 (3), en 1895 (4). Dans une circulaire adressée le 1er octobre 1895, par l'Office impérial des assurances, aux comités des corporations, il est dit (5) : « Les établissements d'assurance contre l'invalidité et la vieillesse ont, depuis leur création, payé environ 84,500,000 marks. A cette somme viennent s'ajouter 55,000,000 marks d'allocation pour suppléments de pensions à la charge de l'Empire. » Il est vrai que le montant moyen des pensions a varié avec l'époque de la liquidation, que les premières pensions sont inférieures aux pensions liquidées en dernier lieu (6), et que la moyenne doit croître en raison du nombre croissant d'années de cotisations payées par les assurés, de telle sorte que la subvention de l'Etat, fixée d'avance, sera de moins en moins importante en face des cotisations des intéressés. Il n'en reste pas moins que cette assurance, telle qu'elle est organisée en Allemagne, est loin de se suffire à elle-même.

Nous dirons plus : l'assurance contre l'invalidité et la vieillesse ne peut et ne pourra jamais vivre qu'avec le concours de l'Etat. La preuve en est que, dans les diffé-

---

(1) V. *Bulletin de l'office du travail,* n° 1, 1894, p. 33.
(2) — — — n° 1, 1895, p. 50.
(3) — — — n° 2, 1896, p. 40.
(4) — — — n° 3, 1897, p. 190.
(5) — — — n° 11. 1895, p. 660.
(6) La pension moyenne de vieillesse a passé de 73 marks 60, en 1891, à 82 marcks 80 en 1895.

rents pays qui ont eu la pensée de l'établir, ce concours est formellement prévu.

En Suède, un projet de loi déposé au début de l'année 1895 par le Gouvernement et qui a pour objet de garantir une pension viagère à toute personne devenue, à la suite d'accident ou de maladie, incapable d'accomplir un travail salarié, lui permettant de subvenir à ses besoins, ou ayant atteint l'âge de 70 ans, décide que les pensions sont alimentées d'une part par les cotisations, et d'autre part, par un versement de l'Etat, calculé de manière à assurer complètement leur payement intégral conformément à la loi. La pension se compose d'une part fixe de 50 couronnes (65 fr.) et d'une part variable proportionnelle au nombre des cotisations payées (1).

Ce projet offre, comme on le voit, une grande analogie, avec la loi allemande. Cette analogie, nous la trouvons encore dans les projets déposés en Hollande, en Belgique, qui, tous, engagent les finances de l'Etat ; nous la trouvons dans les nombreuses propositions de loi sur les caisses de retraites, dont la Chambre française a été saisie au cours de ces dernières années.

Dans le texte de loi que M. Guieysse rédigeait en 1893, au nom de la Commission du travail (2), il est dit à l'article 14 : « La subvention de l'Etat est égale au montant des versements annuels des adhérents et ne peut servir qu'à la constitution d'une rente viagère à capital aliéné ; elle ne peut dépasser, en vue de ce résultat, 30 fr. par an et par tête, et cesse de plein droit

---

(1) V. *Bull. off. Trav.*, 1895, p. 319.
(2) V. *J. O.* — Chambre, *Documents parlementaires*, n° 38 (1893).

quand son montant total atteint la somme de 1.000 fr. »

M. de Ramel (1), proposant la création d'une caisse de retraites des travailleurs et des invalides du travail, escompte aussi une subvention : Article 22 : « Le fonds de réserve se compose : 5° des primes qui pourront être allouées par l'Etat. » C'est l'article 10 de la proposition Isambard (2) : « Les recettes se composent : 4° des subventions de l'Etat. » M. Brincard (3) reste moins dans le vague : Article 10 : « La subvention de l'Etat consistera dans une majoration de la pension individuelle qui sera arrêtée lors de la liquidation. La majoration sera de 20 % pour les pensions inférieures à 200 francs; de 15 % pour les pensions de 200 à 400 francs et de 10 % de 400 à 600 francs.

Plus récemment, M. Lebon (4) demandait l'organisation de l'assurance contre l'invalidité et la vieillesse (le mot était employé cette fois), avec un caractère obligatoire pour tous les ouvriers et employés, dont les salaires sont inférieurs à 2,400 fr. Art. 16 : « La pension d'invalidité comprend : 1° une somme fixe de 100 fr. ; 2° s'il y a lieu, une contribution de 75 fr. au maximum à la charge de l'Etat. » Art. 17 : « La pension de vieillesse comprend, s'il y a lieu, 2° une contribution de l'Etat de 50 fr. au maximum. .

L'assimilation est donc complète entre l'assurance contre le chômage et l'assurance contre l'invalidité et la vieillesse. Nous avons cherché à la mettre en vue, parce que, à notre avis, elle atténue, en les divisant, les

---

(1) — *J. O*, 1893 — Ch., *Doc. parl.* Séss. extra, n° 93, p. 120.

(2) — *J. O*, 1894 — Ch.,　　　—　　n° 92, p. 127.

(3) — *J. O*, 1894 — Ch.,　　　—　　n° 383, p. 153.

(4) — *J. O*, 1895 — Ch.,　　　—　　n° 1654, p. 1647.

attaques portées à l'assurance que nous prétendons possible. Elle n'est plus seule de son espèce, comme on semblait le dire, et ceux qui lui reprochent de n'être qu'un impôt déguisé, doivent, en bonne logique, faire le même reproche à l'institution qui lui ressemble à tant d'égards, et la considérer comme une œuvre d'assistance.

Aussi bien, nous ne nous dissimulons pas que nous n'avons fait que reculer la difficulté : il suffira à nos adversaires, pour nous répondre, de donner à leur objection une portée plus générale, de refuser le titre d'assurance à toute institution subventionnée par l'Etat. Ainsi posée, l'objection est en partie irréfutable. Il est certain, nous ne saurions le nier, qu'il y a dans notre assurance une part considérable d'assistance, mais pourquoi refuser d'y voir autre chose ?

A côté de la catégorie des assurances au sens propre et étroit du mot, dont la caisse est alimentée uniquement par les primes, n'y a-t-il pas place pour une catégorie d'assurances, vivant à la fois au moyen de cotisations et de subventions ? Que l'on change le nom si l'on veut, ou qu'on lui adjoigne un qualificatif qui indique le caractère spécial de l'institution; qu'on l'appelle assurance mixte, assurance subventionnée, mais qu'on ne dise pas que ce n'est que de l'assistance. C'est, en tout cas, une œuvre d'assistance bien supérieure à toutes celles qui existent, que celle qui demande aux pauvres de fournir le premier élément du secours; l'ouvrier, qui a épargné sou par sou pour payer ses cotisations, a le droit de se croire quelque peu différent du paresseux ou de l'ivrogne que l'imprévoyance conduit aux portes des établissements de charité. Pourquoi rayer d'un trait de plume du budget ce chapitre des recettes : primes

des ouvriers, contributions des patrons, car ces dernières aussi, après tout, peuvent être rangées, à bon
droit, avec les cotisations et ne sont pas un acte d'assistance.

Sans doute, on s'illusionne parfois avec les mots, et il
arrive que, derrière eux, on ne découvre pas les choses
qu'ils sont censé représenter. En Danemark, d'après
un projet de 1893, tout sujet danois arrivé à 66 ans, et
sous certaines conditions de moralité, aura droit à une
pension de vieillesse fournie par sa commune et par
l'Etat. Un tel système, s'il était accepté, établirait une
véritable assistance, puisque, pour faire ainsi une retraite
aux travailleurs, on ne leur demande aucun versement
antérieur ; on lui donne le titre d'assurance contre la
vieillesse ; évidemment, c'est un trompe-l'œil ; mais une
pareille observation ne serait pas possible pour notre
assurance.

En résumé, les quatre risques principaux dont
l'ouvrier est menacé : l'accident, la maladie, la vieillesse et l'invalidité, le chômage sont susceptibles, pensons-nous, d'être garantis par l'assurance.

Le chômage remplit, comme les autres, les conditions du risque assurable : il est important, défini, accidentel.

Toutefois il manque d'une des conditions requises :
au lieu d'être un fléau isolé, particularisé, il est général,
exerce ses ravages sur un grand nombre de personnes
à la fois.

De ce caractère spécial de gravité il résulte que le
chômage ne peut être couvert par les seules cotisations
des assurés ; il faut y ajouter des subventions des particuliers et des pouvoirs publics.

Ce serait là une particularité qui distinguerait aussi

l'assurance contre l'invalidité et la vieillesse, et il y aurait ainsi deux sortes d'assurances ouvrières et sociales : les assurances sans subvention, et les assurances subventionnées.

Voilà dans quelle mesure et sous quelles réserves l'assurance contre le chômage nous semble théoriquement possible (1). Nous disons théoriquement, car il se peut que contre la théorie se dressent des difficultés pratiques insurmontables, que, par exemple, l'impôt qui sera la conséquence de l'application de l'assurance soit trop écrasant, pour qu'il soit possible de l'établir. Nous n'avons fait encore qu'une partie de notre tâche, mais elle était essentielle pour nous permettre de la continuer.

----

(1) On s'étonnera peut-être de ce que nous n'ayons pas mentionné une autre objection : la preuve, dit-on parfois, qu'une assurance contre le chômage n'est pas possible, c'est qu'aucune compagnie d'assurances n'a, jusqu'à présent, osé souscrire des polices contre le manque d'ouvrage de ses clients ; et pourtant les compagnies n'hésitent pas à vous garantir de tout risque contre l'incendie, les naufrages, les accidents de voyage, les détériorations en cours de route, les accidents professionnels, la grêle, la rupture des tuyaux d'eau. Si donc elles ne veulent pas vous garantir contre le chômage, c'est qu'il y a trop de dangers, et que les primes que vous paierez ne pourraient jamais faire face aux besoins. Nous n'avons pas cru devoir insister sur ce point ; nous répondons en deux mots : 1° il existe des compagnies privées d'assurance contre le chômage ; 2° les compagnies ne fonctionnent que dans le but de faire un bénéfice : nous savons déjà qu'il n'y a pas de bénéfice à réaliser ici ; en tout cas l'objection revient à dire qu'il n'y aura pas d'assurance sans assistance ; nous l'avons donc étudiée par avance.

SECTION III

L'assurance contre le chômage doit-elle être obligatoire ou facultative?

Nous ne nous engagerons pas dans un débat sur le principe même de l'obligation ou de la liberté, pensant, comme M. Pic (1), que la question n'est pas susceptible d'une solution uniforme. Les risques dont l'ouvrier est menacé sont assez distincts les uns des autres, pour que les assurances qui les garantissent puissent revêtir des caractères différents. Peu nous importe donc que la plupart des auteurs se prononcent pour l'obligation dans l'assurance contre les accidents ; que le désaccord soit plus tranché en ce qui concerne l'assurance contre la maladie, la vieillesse et l'invalidité; nous ne saurions tirer de ces discussions ni un argument, ni une objection. Nos explications doivent, croyons-nous, se restreindre simplement à l'assurance contre le chômage.

§ I. — THÉORIE DE LA LIBERTÉ

La liberté est la règle générale ; pour qu'une exception y soit apportée, encore faut-il qu'on la justifie par des raisons sérieuses. Si vraiment l'assurance contre le chômage ne peut vivre sans l'obligation à sa base ; s'il est nécessaire, pour qu'elle rende de réels services, que la loi l'impose à l'imprévoyance obstinée des uns et à l'égoïsme passif des autres, alors, mais alors seulement,

---

(1) V. *Précis de législation industrielle*, t. I, p. 610,

on pourra admettre une pareille restriction au principe
de la liberté de l'individu. Or, loin d'être pourvu d'avantages certains, bien établis, le système de l'obligation
donne prise aux plus graves critiques.

1° Il faut être très prudent quand il s'agit d'introduire
dans un pays une nouvelle institution sociale : la prudence se conçoit plus spécialement pour notre assurance. « Même les partisans de l'obligation, dit M. Rostand (1), doivent reconnaître qu'il est plus malaisé de
l'admettre ici. Plus on constate de difficultés et de
points délicats dans l'application de cette assurance
pour les organes, pour les prestations, surtout pour la
détermination du droit à indemnité et les bases techniques, plus il est naturel qu'on hésite à la rendre forcée. »
— « L'assurance-chômage, dit aussi M. Lenz (2), est
un champ d'essai. Au début, des fautes seront nécessairement commises et, tant que d'autres assurances, par
exemple, l'assurance mobilière, qui a affirmé pendant
dix années son utilité, ne seront pas obligatoires, il faut
se garder de l'obligation, comme d'une nouveauté qui
n'a pas encore gagné les sympathies de la masse. »

2° Doit-on même hésiter à rejeter un système qui se
fonde sur l'injustice la plus flagrante ? L'équité ne com-
mande-t-elle pas que l'assurance soit contractée entre
gens courant des risques à peu près équivalents ? Or,
s'il n'existe pas de statistique assez exacte et assez
détaillée pour déterminer le coefficient du chômage par
rapport à chaque industrie et à chaque profession, on
peut dire, d'une manière générale, que les ouvriers de
la grande industrie et de métiers en sont à peu près

---

(1) V. *Réforme sociale*, 16 novembre 1894.
(2) V. *Schweizerische Blätter*, 1894, I. p, 280.

indemnes, tandis qu'il frappe régulièrement les ouvriers
ds saison. M. Adler estime que, sur trois ouvriers du
bâtiment on trouve deux chômeurs, et un seulement sur
dix ouvriers de fabrique.

Les résultats de la caisse de Saint-Gall viennent à
l'appui de l'objection. Ce qui s'est réa'isé à Saint-Gall
se réalisera partout : le système obligatoire aura toujours pour effet de diviser les ouvriers en deux classes,
dont l'une payera des cotisations sans toucher d'indemnités de chômage. Dès lors, que pense:a cette classe de
l'assurance? Ne sera-ce pas pour elle une plaie, une
ventouse, suivant l'énergique expression de M. Zuppinger, et ne devrons-nous pas avouer avec M. Schanz (1),
que l'assurance obligatoire sera antipathique aux meilleurs ouvriers, et qu'ils regarderont comme une rigueur
d'avoir à entretenir les travailleurs médiocres et inutiles ?

Sans doute, toute assurance repose sur l'hypothèse
qu'une partie seulement des assurés en profitera. Mais,
au moins, dans la généralité des assurances, chaque
assuré est-il persuadé qu'il court le risque de tomber
dans la situation qui lui permettra de retirer le bénéfice
des primes qu'il a payées ; le risque est toujours à craindre, l'indemnité toujours à espérer. Ici, il en va autrement que pour la maladie, les accidents, l'invalidité, où
chacun doit trembler que le dommage l'atteigne. De
nombreux ouvriers ont le sentiment qu'ils ne seront
jamais exposés au chômage, et les statistiques
dressées dans beaucoup de villes leur donnent raison
en prouvant que la grande majorité des sans-travail se
recrute dans certaines professions déterminées.

---

(1) *Zur Frage der Arbeitslosen Versicherung.*

La contrainte employée à leur égard produira chez eux un vif mécontentement qu'ils ne manqueront pas de manifester dès que l'occasion leur en sera offerte : la suppression de la caisse de Saint-Gall est due principalement, de l'aveu de tous, à cet état d'esprit d'une partie de la classe ouvrière.

3° On sacrifie la justice et l'équité ; à ce prix, obtient-on le résultat que l'on veut atteindre, organise-t-on une assurance vraiment obligatoire? Non : l'obligation n'a pas de sanction, c'est-à-dire n'existe pas.

Nombreux seront les ouvriers qui refuseront de se faire inscrire ou, une fois inscrits, de payer les primes. On les oblige à faire l'aumône : ils attendront qu'on vienne la prendre dans leur poche. Ira-t-on jusque-là? Les moyens de contrainte ne font pas défaut : amendes contre les insoumis, saisie de leur salaire, saisie de leurs meubles, emprisonnement. Ce sont des débiteurs : qu'on use à leur égard des mesures ordinaires de coercition mises par la loi à la disposition du créancier. Telle serait la conséquence logique du système : on ne l'admettra pas. Placée dans cette alternative de subir une diminution sensible de ses revenus, ou d'exercer des poursuites coûteuses, et le plus souvent sans résultat, l'administration choisira le premier terme.

Il ne lui restera qu'une pénalité : la privation du droit d'indemnité pour ceux qui n'auront pas payé leurs cotisations; mais quelle influence produira cette rigueur sur les ouvriers qui n'éprouvaient aucun besoin de s'assurer? On revient donc indirectement au système de la liberté : mieux valait l'appliquer sans détour.

Si l'on examine le fonctionnement de l'assurance à Saint-Gall, il est permis de trouver ces conclusions trop modérées encore. N'avons-nous pas appris, en

effet, que les ouvriers qui se soumettent le plus difficilement aux charges qui leur incombent sont également
les pensionnaires assidus de la caisse, et que la sanction, à supposer qu'il y en ait une, n'a de chance d'aboutir qu'autant qu'elle s'applique aux ouvriers établis,
qui sont, en même temps, les moins menacés par le
chômage ?

M. Zuppinger et M. Numa Droz ont exprimé leur
opinion sur ce sujet dans des lettres qu'a publiées le
Musée social (1), et dont nous nous permettrons de
citer quelques lignes : « On prend, écrivait le premier
à M. Cürti, on prend l'argent de ceux qui paient régulièrement leurs primes, et on ne peut contraindre à
payer, par des poursuites, ceux qui s'y refusent ; ils
sont trop nombreux. Nous ne pouvons pas engager
des poursuites contre des centaines de personnes
à la fois, et ceux dont les cotisations sont en retard
sont plus de mille. Même en supposant que cela soit
matériellement possible, se représente-t-on le mécon-
tement qui en résulterait, et qui rejaillirait non seulement sur l'assurance contre le chômage, mais aussi
sur toutes les institutions publiques, sur les autorités et
les fonctionnaires, sur la commune et sur l'État? »

M. Droz est du même avis : « Quelle sanction, dit-il
peut-on donner à une telle obligation, injuste en soi ?
Poursuivra-t-on comme débiteurs ceux qui n'ont pas
payé leurs cotisations, pratiquera-t-on la saisie sur
leurs salaires ou sur leurs meubles ? Il semble qu'on
répugne d'admettre cette conséquence, pourtant logique. »

---

(1) Circulaire nº 2 ; série B.

Bien que partisan de l'assurance obligatoire et générale, M. Brünner, menuisier, ne se sépare guère de ses adversaires. Quand il écrit : « Pour vaincre la résistance obstinée, la Commission d'administration et l'autorité municipale seront obligées de prendre des mesures sévères, ce qu'avec raison elles ont évité de faire jusqu'à présent ». n'avoue-t-il pas à demi-mot que la rigueur ne doit pas et ne peut pas être employée ?

Ainsi le système obligatoire serait imprudent, injuste, dépourvu de toute sanction efficace. Ces vices qu'il emporte nécessairement avec lui ne suffisent-ils pas à le condamner ?

§ II. — THÉORIE DE L'OBLIGATION GÉNÉRALE

Aux critiques que nous venons de développer, les partisans de l'obligation répondent en faisant à leur tour une série d'objections au système de la liberté.

1° « On peut considérer, disait dans un message le gouvernement de Saint-Gall, comme un principe bien établi dans la théorie des assurances, qu'une association est d'autant plus puissante que le nombre de membres payant des cotisations est plus grand. » Or, ce principe est incompatible avec le caractère facultatif. Les ouvriers ne profiteront guère des faveurs qu'on leur propose ; la prévoyance n'est pas leur vertu dominante, et leur salaire est si faible qu'ils n'accepteront pas volontiers de le réduire encore. Les expériences de Berne, de Cologne et de Bologne nous ont montré que ce n'était pas là une hypothèse gratuite.

M. Schanz nous en fournit de nouvelles preuves (1) :

---

(1) *Zur Frage Der Arbeitslosen — Versicherung*, p. 149.

« Il est constant, dit-il, que les ouvriers brodeurs de Tablatt repoussèrent l'assurance, parce qu'ils redoutaient même le plus léger sacrifice. L'Union des marchands allemands avait organisé, en 1885, une assurance facultative contre le chômage ; quoiqu'il s'agît d'individus relativement intelligents et prévoyants, l'affiliation parmi les membres ne dépassa jamais 7 %, si bien qu'en 1891, on se vit contraint d'en venir à l'assurance obligatoire. Les Unions anglaises d'employés de Commerce, qui ne sont pas des associations de combat comme les Trade-Unions, ne pourraient vivre, si elles n'avaient joint l'assurance-chômage aux autres assurances contre la maladie, les accidents, etc. La liberté qui était la base de l'Union des clercs de Liverpool, n'a pas produit un heureux résultat : pendant 9 ans, en moyenne 19 % des notifications furent renvoyés et, de ces employés, en somme les mieux placés et les plus instruits, 15 % à peine sont assurés ».

Ainsi, une caisse facultative n'attirera jamais qu'un nombre minime d'ouvriers, et son utilité sera, par suite, très restreinte. Ce n'est pas dans cette voie qu'il faut chercher la solution du problème, car cette solution doit comprendre sinon l'unanimité, du moins la majorité des travailleurs.

2° Quels seront, d'autre part, les ouvriers qui s'assureront ? Les professions que le chômage n'atteint que rarement, ne fourniront pas de membres à la caisse ; du jour où la contrainte n'existera plus, les ouvriers, à qui l'arrivée du risque semble improbable, ne songeront pas à s'en garantir, à payer des primes qui ne leur reviendront pas, tôt au tard, sous forme d'indemnités. Seuls, s'affilieront à l'assurance les ouvriers pour qui le chômage est un danger menaçant, souvent inévitable, c'est-à-dire ceux qui gagnent les salaires les plus médiocres.

De là il résultera d'abord que la plupart des assurés demanderont à être secourus ; en second lieu, qu'on ne pourra exiger d'eux que des primes extrêmement modiques, en rapport avec leur gain journalier. Cette double conséquence est, en même temps, une double violation des principes de l'assurance, en vertu desquels les primes doivent servir à indemniser une minorité, et doivent être proportionnelles au risque couru.

La ressource principale d'une caisse facultative provient donc, non des cotisations, mais des subventions fournies soit par l'Etat ou la commune, soit par les particuliers. C'est la conclusion à laquelle nous avait conduit l'étude des caisses de Berne, de Bologne et de Cologne ; c'est celle qu'adoptent tous les auteurs qui se sont occupés de la question, notamment M. Adler, M. Schanz, M. Cürti.

Toutefois, l'Union ouvrière de Zurich est d'une opinion tout opposée. Appelée à donner son avis au Conseil de ville, elle déclare qu'elle ne croit pas à la possibilité de l'assurance, car on ne saurait songer à une assurance obligatoire, et une institution reposant sur la liberté ne tarderait pas à dépérir : à cette dernière, en effet, s'affilieraient seulement quelques ouvriers et, selon toutes prévisions, précisément ceux pour lesquels la probabilité du chômage n'est pas la plus grande ; quant aux travailleurs sans instruction, journaliers, ouvriers de saison, qui seraient le mieux à même de profiter de l'assurance, ils s'en éloigneraient en majorité » (1).

---

(1) V. Cürti, ouvr. cité, p. 62.

Nous ignorons par quel raisonnement l'Union ouvrière a formé sa conviction; elle se met, en tout cas, en contradiction avec les faits et, ainsi, il n'y a pas lieu d'en tenir compte.

3o Enfin, l'assurance facultative n'est qu'un mirage, un piège tendu à l'ouvrier prévoyant. On lui a promis de lui éviter les tristes conséquences du chômage et, loin d'en être préservé, il est le premier à les subir. En effet, le patron, contraint de restreindre son personnel, fera une sorte de sélection. Ses ouvriers ont la même habileté professionnelle, la même ardeur au travail; il gardera de préférence ceux qu'il sait sans ressources et réduits, faute d'emploi, à la mendicité. Il continueront à gagner un salaire de 3, 4, 5 francs par jour, tandis que les malheureux, dont le seul crime aura été de s'affilier à une caisse d'assurance, obtiendront une indemnité de 1 fr. 50 à 2 francs au maximum, et risqueront, à l'expiration de la période de secours, de ne pas trouver d'occupation. C'est là, vraiment, une belle récompense, bien propre à développer dans la classe ouvrière l'esprit de prévoyance et d'économie!

Nous avons déjà, en étudiant les conditions du risque assurable, rencontré cette objection sous la plume de M. Schärtlin. M. Adler et M. Schanz l'ont reprise après lui. Nous voudrions qu'elle fût moins vague et précisée par quelques chiffres. Les rapports de la caisse de Berne ne font pas mention de cet effet déplorable qu'on attribue, trop légèrement peut-être, au système de la liberté.

4o D'ailleurs, l'assurance obligatoire a d'autres fondements que les ruines du système contraire. « Sans doute, dit M. Jouffray (1), dans l'exposé des motifs de

---

(1) V. J. Off., 1895 — Ch. Doc. parl., n° 1142, p. 127.

sa proposition, l'idée d'obligation soulève des résistances au point de vue d'une prétendue justice et d'une prétendue liberté. Mais ces résistances, dictées toujours par une opinion égoïste et étroite, ne sauraient l'emporter sur les sentiments de solidarité, sans lesquels aucune organisation sociale n'a de véritable raison d'être et ne peut exiger le respect de tous. » « Cette assurance est d'autant plus à recommander, dit, d'autre part, M. Adler, qu'elle est conforme au principe de la solidarité, principe qui se réalise de plus en plus dans l'idée de la vie moderne et de la législation sociale. » Nous savons que la municipalité de Saint-Gall, avait, elle aussi, considéré cet argument comme une réponse victorieuse à toutes les critiques dirigées contre l'obligation, et qu'elle pensait, par un appel à l'esprit de solidarité, empêcher les ouvriers de supprimer la caisse.

§ III. THÉORIE DE L'OBLIGATION LIMITÉE A CERTAINES PROFESSIONS

Maintenant que nous connaissons les deux faces de la question, nous devons rechercher si, de part et d'autre, on ne s'est pas exagéré les défauts ou les qualités des systèmes en présence.

En ce qui concerne l'assurance libre, il nous semble difficile de nier la faiblesse nécessaire de ses résultats, et l'impossibilité où elle se trouve de subsister sans une part considérable d'assistance. Nous doutons cependant que son effet soit nuisible et pensons, jusqu'à preuve du contraire, qu'elle exerce une influence, modeste à coup sûr, mais bienfaisante, en préservant de la misère quelques victimes du chômage. Comment s'expliquer autrement l'existence déjà longue de la caisse de Berne? Le nombre des assurés, au lieu de s'accroître, ne se serait-il pas réduit, si les ouvriers s'étaient aperçus que le titre de membre de la caisse constituait, pour le titulaire, un véritable danger, et le désignait avant tout autre aux rigueurs du congédiement.

Pour l'assurance obligatoire, nous ne croyons pas que le principe de la solidarité, de l'aide mutuelle, que ses partisans invoquent si éloquemment, soit une base bien solide. M. Schindler Huber objecte avec raison que « s'il y a une belle maxime: Un pour tous, tous pour un, cet idéal ne peut conduire à soutenir une industrie ou une commune aux dépens d'autres, ou de charger davantage une industrie uniquement pour la généralité » (1). N'est-ce pas le cas de répéter l'adage : *summum jus, summa injuria*, de rappeler que la conception de l'idéal ne doit pas faire perdre de vue la réalité? Aussi bien, un sentiment, une vertu ne s'imposent pas; il convient, non de les demander à la contrainte, mais de les attendre de la liberté des individus, mieux éclairés sur leurs devoirs sociaux par l'éducation. Les ouvriers de Saint-Gall n'ont pas hésité à renverser la statue, quoique la solidarité fût le socle sur lequel elle se dressait.

C'est qu'en effet, une assurance générale, réunissant de force toutes les professions sans distinction des risques, ne saurait échapper au reproche que lui adressent ses adversaires: elle est fatalement injuste.

Mais, pour notre part, nous contestons absolument qu'elle doive manquer aussi nécessairement de sanction effective. Au lieu de s'adresser directement à l'ouvrier

---

(1) *Zur Frage der Arbeitslosen Versicherung*, p. 19.

on prendra un intermédiaire, le patron. C'est à lui qu'incombera la charge de retenir sur le salaire la cotisation hebdomadaire ou mensuelle; il sera la caution, le premier débiteur, et contre lui l'administration ne sera pas désarmée comme elle l'était en face de l'ouvrier: le patron offre, sauf exception, des garanties de solvabilité suffisantes.

On n'agit pas d'autre façon dans l'assurance contre la maladie. En Allemagne, en Autriche, les caisses sont alimentées, pour les deux tiers, par un prélèvement obligatoire sur les salaires; en Norvège, d'après un projet de loi portant création de cette institution, les assurés supportent la totalité de la cotisation; le patron déduit du salaire le montant de la prime et paye pour ses ouvriers.

Si, à Saint-Gall, l'administration n'a pu agir, la raison en est que les statuts n'avaient pas établi ce mode, pourtant si simple de recouvrement, qui supprime les mesures de coercition. « En somme, écrivait M. Raoul Jay, après la suppression de la caisse saint-galloise, comme au mois de mai, je dis que l'organisation de la caisse était, dès le début, entachée d'un vice essentiel. Ses créateurs n'ont pas voulu ou pas pu mettre à la charge des patrons les contributions nécessaires. C'est dans cette faute originelle qu'on trouve la cause principale des difficultés qui se sont produites (résistance des ouvriers, poursuites irritantes et inefficaces). Nous pensons que cette faute suffit encore à expliquer la regrettable décision de l'assemblée des citoyens » (1).

Peut-être M. Jay se montre-t-il trop optimiste, et

---

1) V. *Revue politique et parlementaire*, 10 février 1887.

oublie-t-il trop volontiers que cette décision a eu un autre motif : le mécontentement produit chez de nombreux ouvriers par l'injustice du système. Il reste, toutefois, bien établi que, dans l'assurance contre le chômage, comme dans les diverses assurances ouvrières, l'obligation peut être sanctionnée d'une manière efficace. La supériorité du projet de Bâle-Ville est fondée en partie sur l'article des statuts qui dispose ainsi : « les cotisations sont versées toutes les quatre semaines par les patrons, qui retiennent aux ouvriers la portion qui leur incombe ».

En résumé, des deux systèmes qui, jusqu'à présent, ont été appliqués, l'un, basé sur la liberté, est impuissant ; l'autre, basé sur l'obligation, est injuste. Est-il donc impossible de trouver un système qui soit en même temps équitable et efficace, et auquel devraient aller par suite les préférences du législateur ?

M. Zuppinger, au lendemain de la loi de Saint Gall, a développé un projet qui réunit, à son avis, les qualités désirables. « J'avoue, dit-il, que je n'éprouve aucun enthousiasme pour un système obligatoire ; j'aurais souhaité, dans l'intérêt de la liberté, que l'assurance ait pu s'établir sur une autre base ; cependant il m'en coûte de répudier les arguments qui ont été présentés en faveur de l'obligation et de rejeter absolument cette forme. Il ne me reste donc plus qu'à prendre un moyen terme : l'assurance serait provisoirement obligatoire, mais grouperait seulement les ouvriers qui fournissent, chaque hiver, le contingent des sans-travail ». Quels sont-ils ? M. Zuppinger dresse la statistique du chômage, dont nous avons déjà donné les résultats, et déclare que, de cet exposé conforme aux chiffres, il ressort d'une manière indubitable que, pendant les cinq années d'études, les ouvriers en chômage étaient presque exclusivement les ouvriers de saison, qu'ils le seront encore, selon toute probabilité, dans l'avenir, et que seuls, par conséquent, ils ont besoin de l'assurance. Il en ressort aussi que les autres professions ne furent pas atteintes par le fléau, qu'elles ne présentent pas un risque à ce point de vue, et n'ont pas besoin de l'assurance. La conclusion nécessaire, c'est que la première catégorie, seule, doit être soumise à l'obligation. Et, dans le projet d'assurance qui termine sa brochure, M. Zuppinger apporte immédiatement une restriction au caractère obligatoire qu'il pose en principe : « L'assurance est limitée aux ouvriers menacés actuellement par le chômage ».

M. Rostand, avec quelques réticences toutefois, estime que « peut-être il serait prudent de s'arrêter à la formule suivante : il sera obligatoire de s'assurer seulement dans les zones du salaire infime où la libre formation de l'épargne est difficile. »

Nous avons vu que ce système de conciliation a revêtu une forme précise dans le projet de Bâle-Ville, dont le point de départ est la limitation de l'assurance aux éléments les plus nécessiteux de la classe ouvrière.

Réunir, par la contrainte, les ouvriers soumis aux mêmes conditions économiques, pour les garantir contre les conséquences d'un dommage qu'ils n'ont guère l'espoir d'éviter ; les grouper en plusieurs catégories suivant l'intensité plus ou moins grande du risque, et fixer pour chacune un tarif spécial de cotisations en rapport avec le salaire et le coefficient de chômage, voilà en définitive, ce que proposent de nombreux auteurs, et ce qu'on a réalisé à Bâle.

Nous adoptons entièrement ce système, en raison des

avantages qu'il nous semble présenter. L'équité n'est plus violée, puisque les assurés courent des chances égales, et que si tous ne sont pas appelés à profiter de l'indemnité,tous,du moins,peuvent l'acquérir;l'efficacité est obtenue, puisqu'on parvient à protéger, sinon toutes les victimes du chômage, en tout cas la plupart d'entre elles. Ainsi sont évités les deux défauts que l'on reprochait à bon droit aux systèmes précédents.

Nous ne nous dissimulons pas d'ailleurs,qu'une institution établie sur un pareil fondement offrira l'inconvénient sérieux de ne comprendre que les plus mauvais risques, ce qui augmentera d'autant le chiffre des indemnités et, par suite, le montant des subventions publiques ou privées. Mais l'obstacle est inévitable : mieux vaut encore le franchir avec l'aide de l'Etat, de la commune ou des particuliers riches et bienfaisants, qu'avec l'aumône forcée d'ouvriers plus fortunés, il est vrai, que leurs collègues, mais plus incapables que les autres citoyens de secourir leurs semblables. Une caisse facu'tative, elle aussi, groupe uniquement les professions où se recrutent le plus de chômeurs, et les sacrifices qu'elle impose, pour être aussi considérables, aboutissent à un résultat beaucoup plus modeste.

En résumé, nous avons le choix entre trois procédés : l'un n'obtient qu'aux dépens de la justice l'efficacité que l'autre est impuissant à atteindre ; nous ne croyons pas que l'hésitation soit possible, et que l'on puisse se refuser à reconnaître la supériorité du système qui n'établit l'obligation, que dans les limites où elle est nécessaire.

SECTION IV

Organisation de l'assurance.

Nous avons eu l'occasion, soit en étudiant les essais ou projets d'assurance contre le chômage, soit en établissant sa possibilité, soit en recherchant le caractère qu'elle doit revêtir, d'indiquer les principes qui nous semblent le mieux s'adapter à l'institution. Il nous reste à réunir, dans un tableau d'ensemble, les règles essentielles d'organisation : quant aux détails, ils sont trop complexes, comportent des solutions trop variées pour qu'il soit possible de tous les examiner.

§ I. — PAR QUI L'ASSURANCE DOIT ELLE ÊTRE ORGANISÉE?

Quels seront les agents réalisateurs de l'assurance ? Par qui doit-elle être organisée ? Telle est la première question que nous ayons à discuter. La caisse peut être une caisse d'Etat, un caisse communale, une caisse privée : de ces trois systèmes, lequel convient-il d'adopter de préférence, et pour quelles raisons ?

Quand nous parlons de l'assurance par l'Etat ou la commune, nous ne prenons pas cette expression au sens que lui donnent parfois les partis socialistes : elle signifie, dans leur pensée, que les frais de l'assurance doivent être supportés exclusivement par les budgets publics, sans que les intéressés y contribuent pour la moindre part. C'est la thèse que soutenaient les socialistes suisses, lorsqu'ils demandaient l'inscription du droit au travail dans la Constitution fédérale : l'Etat aurait rendu ce droit effectif en appliquant une série de mesures, notamment « en assurant d'une façon suffisante les travailleurs contre les suites du manque de travail, soit par une assurance publique, soit en les assurant à des institutions privées à l'aide de moyens publics ».

Ainsi entendue, il est bien évident que l'assurance ne mérite pas son nom, puisqu'elle repose avant tout sur les versements de ceux qui sont appelés à toucher des indemnités ; ici, ils ne sont soumis à aucune charge spéciale ; ils participent aux frais comme tous les autres citoyens, en qualité de contribuables, l'impôt étant la seule ressource de la caisse.

La condamnation de ce système résulte de l'erreur fondamentale qui est à sa base : le principe du droit au travail, nous l'indiquions déjà au début de cette étude, n'est, en effet, ni légitime, ni réalisable ; le peuple suisse a donné une vigoureuse preuve de bon sens en le rejetant à une énorme majorité.

Au surplus, le système se heurte, dans la pratique, à des objections insurmontables. En un ordre de faits où les limites sont fuyantes et vagues, où il sera si difficile de distinguer le consciencieux privé de travail sans sa faute, et qui le cherche avec ardeur, de celui qui a mérité de le perdre, ou le sollicite avec le désir de n'en pas trouver, l'assurance par l'État ou la commune, ne coûtant rien au bénéficiaire, considérée comme un droit, serait l'organisation d'un vaste et toujours croissant parasitisme, influencé par les abus politiques et ruineux pour un pays, tant par une onéreuse bureaucratrie que par les ressources absorbées ; en outre, puiser dans les budgets publics, alimentés par le vaillant travail, des subsides au profit de quiconque établirait par une enquête équivoque le manque d'emploi, ce serait affaiblir le ressort des énergies et produire, à bref délai, la déchéance morale d'une classe importante de la population.

De tels inconvénients font disparaître les arguments qu'on a présentés en faveur de cette étrange théorie. Que les efforts de l'association et de l'individu soient vains, que les pouvoirs publics récupèrent leur avance en diminution des frais d'assistance, que la société ait un pressant intérêt à éliminer le péril des sans-travail, c'est exact en partie ; mais, de là à conclure que l'Etat a le devoir d'assurer tous les salariés uniquement au moyen de l'impôt, il y a un pas qu'il faut se garder de faire, car il conduit à l'abîme. « Que les pouvoirs publics se fassent les assureurs généraux du chômage involontaire, dit M. Rostand, c'est une idée à repousser comme le plus redoutable dissolvant social qui se puisse imaginer ». (1) En d'autres termes, l'assurance-chômage n'est possible qu'avec la coopération active des bénéficiaires.

Cette condition, d'ailleurs, ne met pas par elle-même obstacle à l'intervention de l'Etat. Sans parler des subventions, que nous retrouverons plus loin, on conçoit que l'Etat fonde une caisse générale dont le domaine s'étendrait au pays entier, et qui engloberait tous les travailleurs susceptibles d'être assurés.

Plusieurs auteurs se sont prononcés en ce sens. M. Schorer, notamment, a très bien su indiquer les raisons qui semblent justifier l'attribution à l'Etat d'un rôle aussi considérable (2). Partant de cette idée que le chômage, c'est-à-dire le risque qui donne naissance à

---

(1) Art. cité. *Réforme sociale* (16 novembre 1894).
(2) Art. des *Schweizerische Blätter*, 1894, tome II, p. 281.

l'indemnité, n'est pas un événement isolé, mais, au contraire, peut atteindre une ou plusieurs branches d'industrie dans le même temps, il déclare qu'il est nécessaire d'établir l'assurance sur une large base, de telle sorte que si une partie des assurés est frappée, il y ait toujours une majorité indemne. Comprendre dans la caisse le plus de personnes, le plus de communes, le plus d'industries possible, c'est le but que l'on doit se proposer, car on n'a pas d'autre chance de succès : l'assurance sera donc, dans tous les cas, fédérale (1); l'assurance communale ou cantonale ne peut être envisagée que comme une mesure provisoire : elle serait obligée d'avoir recours à l'Etat ; de plus, elle suppose une assez longue durée de domicile dans un même lieu; alors que, pour beaucoup d'industries, le changement est indispensable. Quant aux entreprises privées, elles n'offrent pas une garantie suffisante, et n'accordent qu'une protection limitée. L'assurance officielle et fédérale est préférable à tous égards.

Pour M. Cürti l'idéal serait aussi l'assurance officielle et obligatoire organisée sur toute l'étendue de la Confédération suisse. Toutefois il laisse un peu de côté le motif pratique invoqué par M. Schorer, et s'appuie d'abord sur des motifs d'ordre différent.

Le premier est que ceux qui veulent travailler et sont privés de travail à la suite de causes accidentelles, indépendantes de leur volonté, n'ont pas à demander leurs moyens d'existence à la pitié et à la charité de leur concitoyens : ils ont plutôt un droit à l'aide de l'Etat et celui-ci a le devoir de venir à leur secours. On

---

(1) M. Schorer n'envisage la question que pour la Suisse, mais son raisonnement a une portée générale.

ne saurait assimiler ces catégories de travailleurs aux paresseux, aux vagabons et aux grévistes.

En outre, une distinction entre les divers risques dont le travailleur est menacé ne se comprend pas. Si on l'assure contre les accidents et la maladie, il faut l'assurer contre le chômage, car, dans les premiers cas, le fondement de l'assurance n'est pas la maladie ou l'accident pris en eux-mêmes, mais le déficit économique, qui s'ensuit pour le salarié. Ce déficit est identique lorsqu'il résulte du manque de travail; sans doute il sera plus difficile de le constater, mais le travailleur ne doit pas en souffrir.

De plus l'entreprise, par l'Etat, des assurances contre la maladie et les accidents, suppose le payement régulier des primes. Mais où l'assuré prendra-t-il les ressources nécessaires s'il ne gagne plus de salaire? Dans l'aumône? Mais ces assurances n'ont-elles pas précisément pour but de limiter l'action de l'aumône? Décidera-ton que le chômeur ne sera pas tenu de payer les primes? Ce sera introduire l'aumône sous une autre forme.

Enfin, M. Cürti fait remarquer, comme M. Schorer, que la faible étendue de territoire des villes et des cantons ne permet pas d'y organiser l'assurance d'une façon rationnelle, et que l'institution doit s'appliquer à la Suisse entière (1).

En définitive, ce dernier argument est le seul qui réponde à la question : les autres ne concernent que la légitimité de l'intervention de l'Etat, et non le mode d'intervention. On peut donc résumer le système qui confie à l'Etat le soin de créer une caisse générale de

---

(1) V. Cürti : Rapport cité, p. 79.

chômage, en disant que ce procédé opérerait une compensation entre les risques, et diminuerait ainsi les frais causés par le payement des indemnités.

Ce système, si avantageux à première vue, n'échappe pas à la critique : critique générale s'appliquant à une pareille extension du rôle de l'Etat en matière d'assurances sociales; critique spéciale fondée sur les nécessités particulières de l'assurance-chômage. N'envisageons que cette dernière raison : il est bien évident que notre assurance a besoin d'un contrôle incessant et minutieux; il peut se produire de nombreux abus dans l'inscription des assurés, et surtout dans la détermination du droit à l'indemnité ; une administration d'Etat n'est pas faite pour réprimer ces abus. D'autre part, l'assurance-chômage a comme corollaire indispensable, le placement : or l'Etat n'a pas d'organisation de ce genre.

Aussi, à une caisse d'Etat, préférons-nous des caisses communales. L'intervention de la commune nous paraît infiniment plus acceptable que celle de l'Etat : plus rapprochée des travailleurs, elle est mieux apte à combattre les suites du défaut de travail et à prévenir des abus trop faciles, en se renseignant sur la condition ou la valeur morale des chômeurs ; elle est plus à même d'apprécier les services que pourrait rendre l'institution et d'en voir l'opportunité.

Mais ce qui légitime surtout l'intervention communale, c'est que l'assurance compléterait le système de lutte contre le chômage, tel qu'il est adopté déjà par de nombreuses communes. Beaucoup d'entre elles, nous l'avons vu, ont créé des travaux de secours, dans le but d'occuper les ouvriers privés d'emploi; d'autre part, l'une des variétés du placement consiste dans l'établissement de bureaux municipaux gratuits. Le vœu du Conseil supérieur du Travail, porté par le ministre à la connaissance des préfets et des maires, provoquera, sans doute, l'extension des travaux de secours, et une nouvelle loi, dont le vote ne saurait tarder, augmentera l'importance du placement municipal, en obligeant les villes de plus de 30,000 habitants à l'établir (1).

Dans ces communes, le terrain serait tout préparé pour l'assurance : elle y trouverait les deux organisations qui sont ses auxiliaires indispensables, car elles lui permettent de diminuer le chiffre des indemnités. Le membre de la caisse, que des causes accidentelles auront réduit au chômage, n'obtiendra de secours en argent que si la commune ne peut lui fournir du travail, soit dans ses chantiers, soit dans l'industrie privée ; grâce à cette condition, la caisse n'aura pas à entretenir tous les chômeurs, et ne distribuera de secours qu'en cas de nécessité absolue.

Nous ne songeons pas, d'ailleurs, à contester la supériorité de l'initiative privée. La mutualité de secours, pratiquée par les syndicats professionnels et les sociétés de secours mutuels, l'emporte, certes, sur l'assurance communale. Unis par des liens étroits, intéressés directement au bon fonctionnement de la caisse et à la répression des abus, les membres exercent les uns sur les autres un contrôle minutieux, sont portés à n'admettre que les demandes fondées, et cherchent à procurer le plus vite possible aux chômeurs une occupation qui mettra fin à l'assistance.

Mais l'action de ces associations est notoirement

____

(1) Sur ces deux points, voir l'introduction.

insuffisante : même en Angleterre où elle a pris son plus grand développement, elle est loin d'englober toutes les victimes du chômage ; en France, nous savons quel rôle modeste jouent à cet égard les syndicats.

De plus, à supposer que la majeure partie des sociétés se préoccupent de secourir leurs membres en chômage, de nombreux salariés, restés indépendants de gré ou de force, ne seraient pas à l'abri du fléau, et on ne changerait pas complètement la situation, en astreignant, comme on l'a proposé, les associations professionnelles à se charger de ce service. Il faudrait, pour rendre la mesure efficace, déclarer l'affiliation obligatoire, et supprimer toute liberté.

A notre avis, la meilleure solution est de favoriser les sociétés qui font usage de ce mode d'assistance, de leur accorder, par exemple, des subventions proportionnées au nombre de leurs membres et à l'importance de leurs allocations ; le mouvement prendra, de cette manière, une extension rapide. Si l'Etat ne doit jamais se faire assureur du chômage involontaire, il est juste qu'il appuie et encourage des institutions destinées à en atténuer les maux.

En résumé, il y aura deux sortes de caisses de chômage : les caisses syndicales et mutuelles de secours, et les caisses communales d'assurance. Ces dernières, toutefois, ne pourront être établies qu'après autorisation du gouvernement. Les communes qui voudront en créer devront remplir certaines conditions : si elles possèdent un bureau de placement gratuit, si elles ont l'habitude d'organiser des travaux de secours, si elles présentent un règlement conforme aux règles prescrites par la loi, si, en un mot, elles offrent des garanties sérieuses, le gouvernement leur permettra de tenter l'expérience ; sinon, il les empêchera, dans leur propre intérêt, de fonder une institution qui, dépourvue de ses bases essentielles, serait plus nuisible qu'utile.

§ II. — FONCTIONNEMENT DE L'ASSURANCE COMMUNALE

Les caisses communales d'assurance seront soumises à un règlement général, édicté par le législateur, et déterminant les principes d'organisation, limites entre lesquelles s'exercera le pouvoir des conseils municipaux; c'est le système qui a été adopté à Saint-Gall et qui est actuellement proposé à Zurich. Il importe, en effet, de ne pas laisser trop de latitude aux autorités communales, et de fixer la composition, l'étendue des caisses d'assurance, ainsi que leur fonctionnement au point de vue des recettes, des dépenses et de l'administration.

En ce qui concerne la composition, nous l'avons indiquée déjà dans la discussion des systèmes de l'obligation et de la liberté, discussion qui aboutit à la formule suivante : imposer l'assurance aux salariés, qui en ont réellement besoin, laisser les autres libres d'adhérer à la caisse ou de garder leur indépendance.

Pour faire le départ entre les deux groupes, on s'attachera d'abord à la nature de la profession assurée : le chômage, en effet, ne constitue un risque important que dans certaines industries. Une statistique détaillée, dont les observations porteront sur une période de plusieurs années, permettra de les distinguer, en révélant le coefficient de chômage relatif à chaque profession : ainsi s'effectuera la classification que nous jugeons indispensable à toute tentative d'assurance. Sans doute la liste ne sera pas absolument exacte, mais on pourra la modifier dans la suite, la compléter ou la réduire. Tout ouvrier, célibataire ou marié, porté sur la liste, sera dispensé de l'obligation.

Parmi les individus appartenant aux professions les plus menacées par le chômage, il faudra faire une nouvelle sélection, éliminer ceux qui peuvent justifier de l'inutilité que l'assurance présente à leur égard.

Cette justification résultera, en premier lieu, du taux du salaire : s'il forme, par exemple, un revenu annuel supérieur à 1.500 francs ou à 2.000 francs, le travailleur dispose, en général, de ressources suffisantes pour se protéger lui-même contre les conséquences du chômage, à moins qu'il n'ait à entretenir une nombreuse famille ; dans ce cas, il serait fait exception à la règle, ou plutôt, afin de ne pas obliger l'administration à faire des enquêtes individuelles, on établira une règle collective : ne seront pas assujettis à l'assurance les célibataires gagnant plus de 1.500 francs, et les ouvriers mariés dont le salaire s'élève à 2.000 fr. Si, en sens inverse, le salaire n'atteint qu'un chiffre infime, il est probable qu'il s'y joint des ressources d'autre sorte, et que, par suite, le chômage n'entraîne pas la perte des moyens d'existence ; cela est vrai surtout des apprentis qui gagnent 100 ou 200 francs par an.

On dispensera, en second lieu, de l'obligation, les salariés affiliés à une société de secours mutuels ou à un syndicat professionnel, qui accordent à leurs membres en chômage une indemnité d'un taux et d'une durée convenables.

La caisse aura ainsi deux catégories d'adhérents : elle sera obligatoire pour les uns, facultative pour les autres; mais l'affiliation ne sera accordée ou imposée qu'aux individus domiciliés depuis un certain temps dans la commune, de manière à ne pas attirer les ouvriers des villes voisines.

Pour le fonctionnement de la caisse, nous adopterions volontiers les règles établies dans le projet de Bâle-Ville : elles donnent, à notre avis, une excellente solution aux difficultés que soulèvent les questions des recettes, des dépenses et de l'administration. Aussi, nous contenterons-nous de les rappeler brièvement.

Les recettes proviennent de différentes sources ; la plus grande partie est formée par les cotisations hebdomadaires des assurés, fixées à la fois d'après l'importance du risque couru et le taux du salaire, et versées, non par l'ouvrier, mais par le patron ; puis viennent les contributions patronales, également obligatoires, et proportionnées aux primes des ouvriers employés ; enfin, la caisse peut s'enrichir de dons et legs, et l'Etat lui vient en aide, soit en prenant à sa charge les frais d'administration, soit en accordant une subvention annuelle de 25.000 francs.

Ce système recevrait une double modification. La caisse étant une institution communale, la commune prendrait, naturellement, le rôle que le projet de Bâle confie à l'Etat, sans que, d'ailleurs, ce dernier soit dispensé de fournir une subvention. De plus, il serait bon de suivre l'exemple de Cologne, et de faire appel à la philanthropie, par l'admission de membres donateurs et de membres honoraires.

A Bâle, les dépenses comprennent les indemnités et les secours de route. Le droit à l'indemnité n'est donné que sous des conditions sévères, destinées à prévenir les abus : temps d'affiliation, versement régulier des primes, chômage involontaire et professionnel. Le taux varie suivant la cotisation, la situation de famille, et l'importance des gains accessoires réalisés par le chômeur, et il est toujours inférieur au salaire normal. La durée maxima est de quatre-vingt-onze jours par année d'exercice. Nous estimons que ces principes devraient être introduits dans la loi, car, sans eux, le remède serait pire que le mal.

Quant à l'administration, elle représente tous les intéressés; le Conseil d'Etat nomme le directeur de la caisse, et le président de la Commission de surveillance; les autres membres de la Commission sont élus, au nombre de trois par les patrons, et au nombre de cinq par les ouvriers assurés. Il nous semble juste et pratique de laisser aux ouvriers la majorité, mais le droit de choisir le directeur appartiendrait évidemment au conseil municipal. Comme à Berne, la caisse d'assurance serait étroitement reliée au bureau de placement, et les deux institutions seraient, autant que possible, soumises à une direction commune.

CONCLUSION

Le chômage est un des fléaux les plus redoutables qui menacent la société. Il ne suffit pas de constater son importance et son étendue. Il faut chercher à l'enrayer et, si on ne peut le supprimer, tout au moins en atténuer les conséquences.

Contre lui, en somme, il n'existe qu'un remède : l'assistance. Toute la question est de savoir sous quelle forme on doit l'établir.

Entre l'assistance pure, faite au malheureux sans un effort de sa part, et l'assistance fondée sur la coopération du bénéficiaire, l'hésitation n'est guère possible : on ne saurait contester à celle-ci le premier rang.

Jusqu'à ces dernières années, elle se manifestait par la création de bureaux de placement gratuits, de travaux municipaux, de sociétés d'assistance par le travail, de caisses syndicales ou mutuelles de secours; tout récemment, elle s'est complétée par l'établissement de caisses d'assurance.

Ces caisses ont trouvé une de leurs principales ressources dans l'aide de la commune ou des particuliers: les cotisations des adhérents n'ont pu et ne pourront jamais, à elles seules, leur permettre de fonctionner ; elles ne réalisent donc pas les conditions ordinaires de l'assurance.

Mais, est-ce là un motif suffisant pour écarter ce nouvel auxiliaire, et entreprendre sans lui la lutte contre le chômage ? Parce que le titre n'est pas exact, convient-il de rejeter de parti pris l'institution ? Qu'importe le nom, si la chose est bonne ?

L'est-elle ici ? Oui, assurément. Non pas, certes, qu'elle soit parfaite. Outre qu'elle exige l'intervention financière des pouvoirs publics, l'assurance présente des difficultés spéciales d'application. Mais on ne propose rien à sa place, et pourtant il est nécessaire de lui opposer quelque moyen. La société est prise dans ce dilemme : ou bien assister les chômeurs en exigeant d'eux par avance une partie des secours qui leur seront fournis, ou bien les assister sans leur demander la moindre participation ; ou bien dire au salarié : « Aide-toi, la société t'aidera », ou lui dire : « Sois imprévoyant, paresseux, n'épargne pas sur ton maigre salaire : à quoi bon ? la société t'aidera toujours ». Il nous semble que le premier conseil est meilleur que le second et que, pour le mettre en pratique, il vaut bien la peine de passer sur quelques inconvénients.

Quand il s'agit d'améliorer la condition du travailleur, si faible que soit l'amélioration, on ne doit pas rester indifférent. Peut-être n'existe-t-il pas de remèdes efficaces contre le chômage, et tous les moyens que l'on propose ne sont-ils que des palliatifs insuffisants : mieux vaut encore les employer que de ne pas agir.

BIBLIOGRAPHIE

I. — Ouvrages.

Office du Travail. — Documents sur la question du chômage (1896).

Thury. — Le Chômage moderne : causes et remèdes (1895).

Otlet. — Le Chômage involontaire : contribution à l'étude de l'assurance contre le chômage (1895).

Egger. — L'Assurance contre le chômage et la société moderne (1894).

Chorel. — L'Assurance par l'Etat (Thèse 1897).

Chaufton. — Les Assurances : leur passé, leur présent, leur avenir (tome I) (1884).

Rochetin. — Les Assurances ouvrières (1896).

Pic. — Traité élémentaire de législation industrielle.

    »   Rapport sur la législation du travail en France (1897).

Cauwès. — Traité d'Economie politique, t. 3.

Leroy-Beaulieu. — Traité d'Economie politique, t. 4.

Dalloz. — Supplément au répertoire (Travail) nos 613 et s).

Georg Schanz. — Zur Frage der Arbeitslosen-Versicherung (1895).

    »   Neue Beiträge zur Frage der Arbeitslosen-Versicherung. (1897).

Adler. — Ueber die Aufgaben des Staates angesichts der Arbeitslosigkeit (1894).

    »   Die Versicherung gegen die Arbeitslosigkeit im Kanton Basel-Stadt (1895).

    »   Abdruck aus dem Handwörterbuch der Staatswissenschaften (1897).

Zuppinger. — Die Arbeitslosigkeit in St-Gallen (1895).

Cürti. — Bericht und Gutachten an das Schweizer Industrie Department betreffend Arbeitslosigkeit und Arbeitsnachweis (1896).

Schindler-Huber. — Zur Frage der Arbeitslosen-Versicherung (1895).

II. — Documents officiels.

Berne. — Bericht über das dritte Geschäftsjahr der Versicherunrgs-kasse gegen Arbeitslosigkeit (1896).

» Bericht über das vierte Geschäftsjahr, etc. (1897).

Cologne. — Satzungen der Stadtkölnischen Versicherungskasse gegen Arbeitslosigkeit (1896).

» Geschäftsbericht der Stadtkölnischen Versicherungskasse für die erste Betriebszeit (1897).

Saint-Gall. — I Jahresbericht der Arbeitslosenversicherungskasse (1896).

» Berichte und Jahresrechnungen vom 1 Juli 1896 bis 30 Juni (1897).

Bologne. — Norme relative ai libretti di previdenza per la mancanza di lavaro durante l'esercizio 1 giugno 1897-31 maggio 1898.

Lausanne. — Rapport de la Commission du Conseil communal de Lausanne au sujet de la motion de MM. Paccaud et consorts concernant la création d'une caisse d'assurance contre le chômage (1893).

» Bulletin municipal (séance du 4 décembre 1893).

Zurich. — Gesetz betreffend Arbeitslosenversicherung (1897). — Verordnung betreffend Arbeitslosenversicherung (1897). — Weisung des Stadtrates an den Grossen Stadtrat, etc.

III — Revues.

Economiste français. — **Leroy-Beaulieu.** — Le Chômage professionnel et les moyens de l'atténuer (7 et 14 avril 1894).

Georges Michel. — Le Chômage et les moyens d'y remédier (21 septembre 1895).

M. Bloch. — Le Mouvement économique et social en Allemagne (24 août 1895).

O. Michel. — Intervention de l'Etat en matière de chômage (21 décembre 1895).

Monde économique. — **Vilnay.** — Le Chômage des ouvriers et les moyens d'en atténuer les effets (13 octobre 1894).

De Cluveaux. — Chômage et Protection (17 novembre 1894).

Beauregard. — A propos du chômage (no 9, 1897).

Audouard. — Contre le chômage (no 10 1897).

De Cluveaux. — L'Assurance contre le chômage (août 1894).
Beauregard. — L'Assurance contre le chômage (6 mars 1897).

Revue d'Économie politique. — **Mataja.** — Le Socialisme municipal (décembre 1894).
    R. Jay. — Un Projet d'assurance contre le chômage dans le canton de Bâle-Ville (avril 1895).

Revue politique et parlementaire. — **R. Jay.** — L'Assurance à Saint-Gall (août 1894).
    L'Assurance contre le chômage dans la commune de Saint-Gall (octobre 1895).
    Le Fonctionnement de l'assurance à Saint-Gall (mai 1896).
    Liquidation de la caisse de Saint-Gall (février 1897).
    L'Assurance contre le chômage et les Sociétés de secours mutuels (février 1896).
    Fonsalme. — Revue des Questions ouvrières (mai 1896, mars 1897, juin 1897, etc.).

Réforme sociale. — **Honoré.** — Le Chômage dans quelques industries parisiennes (1er août 1896).
    Rostand. — L'Assurance contre le chômage involontaire (16 novembre 1894).

Musée social. — Série B, circulaire n° 2. L'Assurance contre le chômage involontaire en Suisse (31 août 1896).
    — Série B, circulaire n° 5. L'Assurance obligatoire contre le chômage à Saint-Gall (Suppression de la caisse de chômage) (29 novembre 1896).

Société d'Économie politique de Lyon (Bulletin 1897). — **Pelosse.** — De l'Assurance contre le chômage involontaire (11 déc. 1896).

Revue pratique de droit industriel. — **Héry.** — Les Retraites ouvrières et le Chômage (1896, p. 211 et 244).

Bulletin du Congrès des accidents du travail. — **Bellom.** — Les Lois suisses d'assurance contre le chômage (1896).

Revue de Paris. — **Lebéfure.** — Les Sans-Travail (1er février 1896).

Bulletin de l'Office du Travail. — 1894 : mai, p. 267 ; juin, p. 314 ; juillet, p. 396 ; novembre, p. 586.
    1895 : février, p. 120 ; septembre p. 540 ; juillet, p. 431.
    1896 : février, p. 124 ; mars, p. 183 ; juillet, p. 430, 440, 443 ; décembre, p. 765.
    1897 : janvier, p. 31 ; juin, p. 406 ; septembre, p. 600.
    1898 : mars et passim.

Revue Socialiste. — 1893, II p. 104; 1897, I, p. 349, II p. 240 et passim.

Journal Officiel : Passim.

Journal des Économistes. — **Rochetin.** — Les Assurances contre le chômage par suite d'incendie (1892, t. II).

Revue des Institutions de prévoyance. — Assurance des employés de commerce contre le chômage (1887).

Schweizerische Blätter für Wirtschaft und Socialpolitick. —
    Schärtlin. — Die Versicherung gegen die Arbeitslosigkeit (15 juillet 1893).
    X... — Die Arbeitslosenversicherung in Bern (1893).]
    Lange. — Zur Arbeiterversicherung in der Schweiz (juillet 1894).
    Lenz. — Die Versicherung gegen die Arbeitslosigkeit auf industriellem Gebiete (1894).
    Stolz. — Die Versicherung gegen die Folgen der Arbeitslosigkeit im Kanton St-Gallen (1894).
    Schorer. — Die Versicherung gegen die Folgen der Arbeitslosigkeit (1894).
    Adler. — Die Arbeitslosenversicherung im Kanton Basel-Stadt (1894). — Die Basler Arbeitslosenversicherung (1894). Die Arbeitsloserversicherung der englische Gerwerkvereine (1894).
    Schanz. — Die Schorersche Vorschlag zur Arbeitslosenversicherung.
    Et nombreux articles.

Kölnische Zeitung. — Die Stadtkölnische Versicherungskasse gegen Arbeitslosigkeit (6/2 1898).

TABLE DES MATIÈRES

INTRODUCTION

Procédés proposés ou essayés, pour combattre le chômage involontaire.

CHAPITRE PREMIER

Les essais d'assurance contre le chômage.

CHAPITRE II

Les projets d'assurance contre le chômage.

CHAPITRE III

Les principes en matière d'assurance contre le chômage.

70.208. — Imp. A. Waltener — P. Legendre et Cⁱᵉ, Succⁱˢ. — Lyon.

www.ingramcontent.com/pod-product-compliance
Ingram Content Group UK Ltd.
Pitfield, Milton Keynes, MK11 3LW, UK
UKHW021510090726
13657UKWH00001B/146